Rosemarie Jaffin · Gott zuliebe Ja zum Leben

Rosemarie Jaffin

Gott zuliebe Ja zum Leben!

Sinnorientierte Lebenshilfe nach Viktor E. Frankl

johannis

Dank an meine Cousine Uschi Bergmoser und ihren Mann Erich für die Erstellung des Manuskripts.

Die Adresse der Autorin:
Rosemarie Jaffin, Prinz-Alfons-Str. 13, 85521 Ottobrunn

3. Auflage 2005, zum 100. Geburtstag von Viktor E. Frankl

Bibliografische Information Der Deutschen Bibliothek
Die Deutsche Bibliothek verzeichnet diese Publikation in der Deutschen Nationalbibliografie; detaillierte bibliografische Daten sind im Internet über http://dnb.ddb.de abrufbar.

TELOS-Paperback 72 430

Umschlaggestaltung: Friedbert Baumann
Gesamtherstellung: St.-Johannis-Druckerei, Lahr/Schwarzwald
Printed in Germany 15992/2005

*Dieses Buch ist meinem geliebten Mann,
David Jaffin, gewidmet, ohne dessen Ermutigung
es nie entstanden wäre, und unserem Sohn Raphael,
der trotz erschwerter Bedingungen Ja sagt zum Leben, und
unserem Sohn Andreas mit seiner jungen Familie,
die uns zeigen, wie Leben gelingen kann.*

Inhalt

Geleitwort von Elisabeth Lukas

Mit dem vorliegenden Büchlein reiht sich Rosemarie Jaffin in die inzwischen beträchtlich angewachsene Reihe logotherapeutischer Sekundärliteratur (nach Viktor E. Frankl) ein. Dabei bietet ihr Werk in zweifacher Hinsicht Erfreuliches und Besonderes. Zum einen ist es frei von willkürlicher Verfremdung und Vermischung des ursprünglichen Gedankengutes. Die Autorin – eine exzellente Kennerin der Logotherapie – verweist treu auf die Originalquellen ihrer Ausführungen, wodurch sich ihre eigenen Sicht- und Interpretationsweisen erfrischend persönlich davon abheben. Zum anderen leistet ihr Werk eine Art »sanfte« Brückenfunktion zwischen Psychotherapie und Seelsorge, was bisher nur wenigen geglückt ist. »Sanft« deswegen, weil der religiöse Konnex behutsam und unaufdringlich eingebaut wird, als freundliches Angebot an den Leser.

Es ist wahrlich ein Buch geworden, das »Appetit macht auf mehr«: mehr Nachdenken, Nachlesen, Weiterentwickeln, Weitergeben … auf mehr Sinn im Leben.

I. Wegzeichen: Göttliche Führung im Leben Viktor E. Frankls

»Heute ist der erste Tag deines restlichen Lebens«, sagt uns Viktor Frankl, der Begründer der sinnzentrierten Psychotherapie, der Logotherapie und Existenzanalyse, der 3. Wiener Schule der Psychotherapie nach Sigmund Freud und Alfred Adler.

Die Doppeldeutigkeit des griechischen Wortes Logos (Wort und Sinn) führt immer wieder zu Missverständnissen: Aus Logos – Wort entstand der Begriff der Sprachheilkunde: Logopädie. Bei der Logotherapie aber handelt es sich um sinnzentrierte Psychotherapie. Wenn es uns gelingt, den Sinn unseres Lebens zu finden und zu verwirklichen, dann gelingt unser Leben als Mensch und gerade auch als Christ.

Aus seiner persönlichsten Erfahrung gibt uns Viktor Frankl Hilfen und Leitlinien für unser eigenes Leben an die Hand, die im Leiden der KZs erprobt sind und seit 50 Jahren weltweit mit Erfolg angewandt werden. Er wurde 1905 als Sohn jüdischer Eltern in Wien geboren. Schon sehr früh, im Alter von ca. vier Jahren schreibt Viktor Frankl, schreckte er eines Tages kurz vor dem Einschlafen auf, von der Einsicht ergriffen, dass auch er sterben müsse. Doch mehr als die Furcht vor dem Sterben quälte ihn hinfort die Frage, ob die Vergänglichkeit des Lebens dessen Sinn zunichte mache.[1]

Als junger Mensch hatte er sehr mit dem Gefühl zu ringen, »dass letzten Endes vielleicht doch alles gänzlich sinnlos sei«. Und »ich habe gegen den eigenen Nihilismus ein Gegengift entwickelt«.[2] In seiner Autobiographie beschreibt er mehrere Erlebnisse mit Gott:

Als die Situation für Juden in Wien immer schwieriger wurde, wartete er lange vergeblich auf ein Ausreisevisum nach USA. Er hatte sich vorgenommen, die Logotherapie weiterzuentwickeln und dort zu lehren. Endlich wurde er aufgefordert, ins Konsulat zu gehen, um es in Empfang zu nehmen. Es galt aber ausschließlich für ihn und er wusste damals, welches Schicksal seine Eltern erwarten würde. Von einem Spaziergang zurückgekehrt, entdeckte er ein kleines Marmorstück auf einem Tisch. Sein Vater hatte es auf dem Trümmerhaufen gefunden, wo früher die Synagoge, die niedergebrannt war, gestanden hatte. Dieses Marmorstück trug eine Inschrift, einen Teil Gesetzestafeln. Wie sein Vater ihm erklärte, gibt es nur *ein* Gebot, dessen Initiale die Inschrift ist:

»Ehre deinen Vater und deine Mutter, auf dass du lange lebst im Lande.« Viktor Frankl blieb »im Lande« und ging mit seinem Vater nach Theresienstadt. Unmittelbar vor der Deportation bat er seine Mutter, ihn zu segnen. Segen bedeutet bereits im Alten Testament Schutz und Führung – beides wurde ihm im Leben zuteil.

In dem Gehrock, der früher einem bereits Vergasten gehört hatte, und den man ihn gezwungen hatte zu tragen, fand er einen Zettel mit dem Schema Israel, dem jüdischen Hauptgebet, während sein in das eigene Mantelfutter eingenähte Manuskript für sein Buch »Ärztliche Seelsorge« verlorenging. Er betrachtete diese Tatsache als Herausforderung, in Zukunft zu leben, was er bis dahin geschrieben hatte.

Insgesamt durchlitt er die Qualen von vier Konzentrationslagern und richtete sich selbst und andere immer wieder auf, als sie nahe der Verzweiflung waren. Er organisierte eine Art Meldedienst für selbstmordgefährdete Mithäftlinge und suchte mit ihnen Sinn in ihrem Leben und eine Ausrichtung auf eine Sache oder einen Menschen hin, der in Zukunft auf ihn warten würde. »Leiden heißt leisten und heißt wachsen, aber es heißt auch reifen«, sagt uns Viktor Frankl und er nennt die Erfahrung im KZ seine wahre Reifeprüfung, d. h. »das Über-sich-Hinauslangen menschlichen Daseins nach etwas, das nicht wieder es selbst ist«.

Tage nach seiner Befreiung kniete er auf einem freien Feld nieder und verharrte lange im Gebet:

»Tage vergehen, viele Tage, bis sich nicht bloß die Zunge löst, sondern irgendetwas im Innern gelöst wird, und bis dann plötzlich das Gefühl eine Bresche schlägt in jene merkwürdige hemmende Barriere, von der es bis dahin noch eingedämmt war. Dann gehst du eines Tages, ein paar Tage nach der Befreiung, übers freie Feld, kilometerweit, durch blühende Fluren einem Marktflecken in der Umgebung des Lagers zu; Lerchen steigen auf, schweben zur Höhe, und du hörst ihren Hymnus und ihren Jubel, der da droben im Freien erschallt. Weit und breit ist kein Mensch zu sehen, nichts ist um dich als die weite Erde und der Himmel und das Jubilieren der Lerchen und der freie Raum. Da unterbrichst du dein Hinschreiten in diesen freien Raum, da bleibst du stehen, blickst um dich und blickst empor – und dann sinkst du in die Knie. Du weißt in diesem Augenblick nicht viel von dir und nicht viel von der Welt, du hörst in dir nur einen Satz, und immer wieder denselben Satz: ›Aus der Enge rief ich den Herrn, und er antwortete mir im freien Raum.‹ – Wie lange du dort gekniet hast, wie oft du diesen Satz wiederholt hast –, die Erinnerung weiß es nicht mehr zu sagen … Aber an diesem Tage, zu jener Stunde begann ein neues Leben – das weißt du. Und Schritt für Schritt, nicht anders, trittst du ein in dieses neue Leben, wirst du wieder Mensch.«[3]

Viktor Frankl beschließt die ergreifende Schilderung seiner Erlebnisse im KZ mit den Worten: »Gekrönt wird aber all dieses Erleben des heimfindenden Menschen von dem köstlichen Gefühl, nach all dem Erlittenen nichts mehr auf der Welt fürchten zu müssen – außer seinen Gott.«[4]

»Was also ist der Mensch?«, fragt Viktor Frankl und antwortet: »Er ist ein Wesen, das immer entscheidet, was es ist ... er ist jenes Wesen, das immerhin die Gaskammern erfunden hat; aber er ist auch jenes Wesen, das in eben diese Gaskammer gegangen ist in aufrechter Haltung, und das Vaterunser oder das jüdische Sterbegebet auf den Lippen.«[5] Und um mit Blaise Pascal zu sprechen, den er in diesem Zusammenhang zitiert: »Der Mensch ist ein Schilfrohr, aber ein Schilfrohr, das denkt.« Und mit diesem Bewusstsein und Verantwortlichsein ist der Mensch schöpfungsmäßig ausgestattet. »Dies macht die Würde des Menschen aus und er entscheidet immer wieder neu, ob er sich dieser Würde würdig erweist oder sie mit Füßen tritt.« So gibt es für Viktor Frankl auch nur persönliche Schuld – keine Kollektivschuld. Dagegen ist er gleich nach dem Krieg und dann immer wieder aufgetreten. »Wer den Menschen, die zwar nichts getan, aber auch vieles Positive unterlassen haben, den Vorwurf der Feigheit macht, der müsste zuvor für seine eigene Person unter Beweis gestellt haben, dass er selber in der gleichen Situation ein Held gewesen.«

Ein ehemaliger SS-Offizier fragte ihn einmal, wieso gerade er den Mut aufbrächte, sich öffentlich gegen pauschales Verurteilen zu wenden. »Sie können's nicht, Sie würden pro domo sprechen. Ich aber bin der ehemalige KZ-Häftling Nr. 119104 und als solcher kann ich es sehr wohl tun und daher muss ich es auch tun. Mir nimmt man es ab und das bedeutet eben eine Verpflichtung.«[6] Hier zeigt Viktor Frankl als Jude in geradezu erschütternder Weise Vergebungsbereitschaft, die vorbildlich für uns Christen sein kann.

II. Viktor Frankl als Jude und seine Bedeutung für uns Christen

Anders als alle anderen Begründer wichtiger psychologischer Schulen vor ihm, ist Viktor Frankl durchdrungen von einem persönlichen, existenziellen Glauben an den Gott des AT und bezeugt diesen auch in seinen Büchern »Der leidende Mensch« und »Der unbewusste Gott«.

Dort schreibt er: »Alle Aussagen hinsichtlich Gottes gelten nur per analogiam, so denn auch Aussagen hinsichtlich seiner Personalität. Er ist quasi personal – eben Überperson. Gott ist die gleichzeitige absolute Transzendenz und absolute Intimität: gleichzeitig unendliche Ferne und unendliche Nähe.«[7] Er ist also der Allmächtige und der Herr über unsere persönliche Geschichte. »Gott ist Person. In der Schärfeeinstellung auf das Unendliche wandelt sich das Absolute zum Konkreten … mit einem Wort zum Du.« Er ist der liebende Vater, der sich dem Menschen zuwendet. Und er hat ihn auf Sinnsuche, d. h. auf ihn hin angelegt. Im Gebet leuchtet Gott in seiner Du-Haftigkeit dem Menschen auf. Oder wie es in dem modernen Kirchenlied von Albert Frey heißt: »Etwas in mir zeigt mir, dass es dich wirklich gibt, ich bin gewiss, dass du lebst und mich kennst und mich liebst.«

So setzt Viktor Frankl dem Descartesschen Prinzip *cogito ergo sum* (ich denke, darum bin ich) ein *amo ergo est* (ich liebe, darum ist er) entgegen. Sagt er doch: »Gott ist nicht begreifbar, aber liebbar.« Ebenso wie Blaise Pascal lange vor Viktor Frankl bereits erkannte: »Menschen und menschliche Dinge muss man kennen, um sie zu lieben. Gott und göttliche Dinge muss man lieben, um sie zu kennen.« Gott ist oberster Richter – die Gerechtigkeit. »Bei jeder Wertung werden die Worte letzlich vor das göttliche Schiedsgericht gerufen – in eine Hierarchie der Werte gestellt.« »Das Bezugssystem der Wertbezüge ist Gott.« Das heißt auch, das Gott ein fordernder Gott ist, der keine Nebenbuhler in Form von Götzen duldet und er zitiert hier das 1. Gebot: »Du sollst den Herrn lieben mit ganzem Herzen, ganzer Seele und ganzem Vermögen.«[8]

Mit Herz ist hier, nach Viktor Frankl, die geistige Tiefenperson gemeint, wie sie uns im AT bezeugt ist. Man soll also sein Herz an nichts hängen. Mit anderen Worten, wir können und dürfen dem Leben keine Bedingungen stellen, sondern sind zur bedingungslosen Opferbereitschaft zum höheren Ruhm Gottes aufgerufen. Bereits von den Propheten hat der Herr diese Opferbereitschaft verlangt: ihr ganzes Leben in seinen Dienst zu stellen und in Jesu Leben und Opfertod kam diese Opferbereitschaft zur Vollendung.

Bedingungslose Opferbereitschaft wird von uns gefordert.[9] Dies klingt zunächst hart, ist es aber weniger, wenn wir bedenken, dass, wie Viktor Frankl sagt, jede Verabsolutierung von Werten (Vergötzung) geradewegs in die Verzweiflung führt. Wenn der Mensch verweigert, dass irdische Werte »Platzhalter für den Herrn« sind, die der Herr nach seinem Plan zurückfordern kann und wird, dann vergötzt er diese. Viktor Frankl nennt hier mehrere Beispiele: Liebe, Verheiratetsein, Mutterschaft, Gesundheit, Intellekt – auch Beruf und Bildungsabschlüsse können vergötzt werden, d. h. derjenige, der nicht Verzicht leisten und kein Opfer bringen will – er verselbständigt einen Wert. Derjenige, der nach angemessener Trauerfrist nicht verwinden kann, dass er einen Menschen verlieren musste (»ohne ihn ist mein Leben sinnlos«) oder aber jener, der nie verheiratet war und die Einsamkeit nicht ertragen lernt: Warum verzweifelt er? Weil er nicht zulassen will, dass das, was er verloren hat, oder nie erreichen konnte, eben nur »Platzhalter für den Herrn« war!

Es gibt einen Unterschied zwischen traurig sein und verzweifelt sein. Jeder Verlust eines Wertes oder eines wertvollen Menschen macht uns traurig. Aber zu sagen: Ohne diesen Wert hat mein Leben keinen Sinn (mehr), verrät, dass dieser Mensch eben diesen Wert verabsolutiert, d. h. vergötzt hat.

Viktor Frankl hat ein unerschütterliches Vertrauen in Gottes Wirken. Er sagt, Glaube an Gott ist entweder existenziell oder gar nicht und angesichts des Massenmordes im Holocaust sagt er: Ich kann nicht sagen: Etwa bis zu zwei Millionen Toter, Gott, glaube ich noch an dich, aber was danach kommt – tut mir leid, dann kann ich eben nicht mehr glauben.

Wir alle müssen mit unvorhergesehenen Katastrophen – in der Welt und im persönlichen Leben rechnen, bei denen unser Glaube, dessen wir manchmal so sicher sind, plötzlich auf dem Prüfstand steht. Nehmen wir uns an der Demut des hochgebildeten jüdischen Arztes und Denkers ein Beispiel. Ursprünglich ist der Mensch als Ebenbild Gottes gemeint. Hier stimmt Viktor Frankl mit dem AT überein. Daraus folgert er: »Entweder der Mensch versteht sich als Ebenbild Gottes, oder er gerät zum Zerrbild seiner selbst.«[10] So zitiert er auch Martin Bubers Interpretation des Sündenfalls[11]:

Die Menschen vermaßen sich, wie Gott zu sein – »so erlangten sie nichts anderes als das Wissen um die Zweiheit von Göttlichem und Menschlichem, die Erkenntnis von Gut und Böse.«

Wir sehen, Viktor Frankl entwirft einen Gottesbegriff, der nicht nur alttestamentlich, sondern gesamtbiblisch ist und so auch für uns Christen heute überzeugende Gültigkeit besitzt.

III. Die Sinnfrage

Logotherapie versteht sich als sinnzentrierte Psychotherapie und stellt daher die Frage nach dem Sinn des Lebens in den Mittelpunkt. Aber bereits vor Viktor Frankl beschäftigte diese Frage die psychologischen Schulen, und die Antworten darauf fielen so unterschiedlich aus, wie die Richtungen selbst sind.

Die wichtigsten seien überblickshalber hier kurz skizziert.

Sigmund Freud

Der Psychoanalyse Sigmund Freuds liegt das mechanistische und positivistische Menschenbild seiner Zeit zugrunde. Der Positivismus übertrug die damaligen naturwissenschaftlichen Erkenntnisse und Modelle auf den Menschen. (Freud vergleicht den Menschen mit dem Funktionieren einer Dampfmaschine). Wenn Ich (die bestimmende Persönlichkeit), Über-Ich (moralische Instanz) und Es (Triebe) in Widerstreit miteinander stehen, entstehen seelische Krankheiten. Der Mensch ist, nach Freud, abhängig von seinen Trieben »und alle Energie ist Triebenergie«.[12]

Ziel der Therapie ist die Homöostase (das innere Gleichgewicht) und nach Freud ist der Mensch gesund, wenn er lieben und arbeiten kann. Ziel der menschlichen Entwicklung ist es, sich von der infantilen Fixierung auf Gott zu befreien. Damit wird bei diesem Ansatz jede Möglichkeit, einen Sinn im Glauben zu finden, im Keim zerstört. Bei Viktor Frankl aber gehen auch die Triebe als »speisende Energie« in die Wertstrebigkeit (Sinnverwirklichung) ein. Sie werden ausdrücklich bejaht, sind aber der geistigen Person untergeordnet und unterzuordnen.

»… es geht (bei Freud) ausschließlich um die Erhellung eines Negativums, das Krankheit nach sich gezogen haben soll.«[13]

Freud bekennt selbst in einem Brief an den Philosophen Binswanger: Ich habe mich immer im Parterre und Souterrain des Gebäudes aufgehalten.[14]

Einem Tagebucheintrag vom 1. Mai 1932, sieben Jahre vor seinem Tod, entnehmen wir folgende erschreckende Haltung Freuds gegenüber seinen Patienten:

»Die Patienten sind ein Gesindel. Die Patienten sind nur gut, um uns leben zu lassen, und sie sind Stoff zum Lernen. Helfen können wir ihnen ja doch nicht.«[15]

Umso dankbarer können wir für die Begegnung mit einem Wissenschaftler wie Viktor Frankl sein, dessen Persönlichkeit und Lehre vom Geistigen her bestimmt werden.

Alfred Adler

Auch die Individualpsychologie Adlers huldigt dem Homöostaseprinzip (Erreichen eines Gleichgewichtes der Persönlichkeit). Seelische Krankheit (besonders die Neurose) wird als Mittel zum Zweck gesehen (z. B. um Anerkennung zu erreichen). Diese unbewussten Methoden (sogenannte Arrangements) verraten den verkehrten Lebensstil. Nach Adler besteht der Sinn des Lebens darin, eine soziale Aufgabe erfüllen zu können. »Nur wenn ein Mensch erfasst hat, dass der Sinn des Lebens Leistung für die Allgemeinheit ist, wird er im Stande sein, seinen Schwierigkeiten mutig und mit guten Aussichten auf Erfolg entgegenzutreten.«[16]

Doch bei dieser Sicht vom Menschen bleibt die Frage nach seiner Geistigkeit und nach dem Sinn des Leidens unbeantwortet.

Jung bezeichnet die Neurose als »das Leiden der Seele, die ihren Sinn nicht gefunden hat«.[17]

Er schreibt von einer nicht unbeträchtlichen Anzahl von Fällen, die ihn aufsuchten, »weil sie in ihrem Leben keinen Sinn fanden«. »Ich musste sie bald dahingehend aufklären, dass auch ich keine Antwort weiß.«[18] Jung lässt also die Sinnfrage bewusst unbeantwortet. Auch wenn Jung ständig religiöse Begriffe benutzt, antwortete er als 90-Jähriger in einem Interview auf die Frage, ob er an Gott glaube, mit einem deutlichen Nein. Doch weist er ausdrücklich darauf hin, »dass unter allen meinen Patienten jenseits der Lebensmitte nicht ein einziger ist, dessen endgültiges Problem nicht das der religiösen Einstellung wäre und keiner ist wirklich geheilt, der seine religiöse Einstellung nicht wieder erreicht«.[19] Hier besteht ein tiefer innerer Widerspruch. Jung legt Wert auf eine religiöse Erfahrung, die durch ein spezifisches Gefühlsmoment gekennzeichnet ist. Auf Unterwerfung unter eine höhere Macht »sei diese nun Gott genannt oder das Unbewusste«. Erich Fromm kritisiert hier treffend: »Jung beschränkt die Religion auf ein psychologisches Phänomen und erhebt gleichzeitig das Unbewusste zu einem religiösen Phänomen.«[20] Gemeint ist, Jung verwechselt das Unbewusste mit Gott.

Verhaltenstherapie

Iwan Pavlov und John Watson machten Anfang des Jahrhunderts Tierversuche und entdeckten so auch beim Menschen das Reiz-Reaktionsschema, das bis heute besonders auch in der Lernpsychologie seine – wenn auch begrenzte – Gültigkeit hat. Der Mensch hat durchaus schöpfungsbedingte Gemeinsamkeiten mit dem Tier, aber er ist darüber hinaus ein persönliches Geschöpf Gottes, ein geistiges Wesen. Die neueren Erkenntnisse versuchen diese Tatsache, besonders den kognitiven Bereich, mit einzubeziehen. (Kognitive Verhaltenstherapie: Lernen durch Einsicht). Dennoch begrenzen sich die meisten Verhaltenstherapien auf die Veränderung eben eines ungünstigen bzw. krankhaften Verhaltens und müssen sich so den Vorwurf der überwiegend symptomatischen Therapie, der Therapie eines Symptoms oder mehrerer, gefallen lassen.

Die Gefahr besteht dabei, dass Folgesymptome auftreten anstelle des geheilten, weil die Einstellung der »geistigen Person« (nach Viktor Frankl nicht nur kognitiv verstanden) hier nicht berücksichtigt wird. Eine meiner Bekannten gab das Rauchen mit Hilfe der Verhaltenstherapie auf und wurde zum »Vielfraß«. In kürzester Zeit nahm sie 50 Pfund zu.

Gesprächstherapie nach Carl Rogers

Carl Rogers, der Begründer der Gesprächstherapie, geht davon aus, dass der Mensch von Natur aus gut ist und durch warme menschliche Primärbeziehungen dazu geführt werden kann, die Selbstheilungskräfte in sich zu aktivieren. Somit könne er aus sich selbst heraus auf den Weg der Heilung kommen.

Eine Wertung der Aussagen des Patienten von Seiten des Therapeuten ist bei diesem Ansatz streng verboten, denn der Patient findet, nach Rogers, irgendwann im Laufe der Therapie selbst aus seiner Misere heraus, weil der Mensch ein fundamentales Bedürfnis nach Selbstverwirklichung hat. Die sogenannte Selbstannahme ist bei Rogers zentral. Die Aufgabe des Therapeuten besteht hier lediglich darin, die Gefühle des Patienten diesem aus einer höheren Ebene (der sogenannten Metaebene) möglichst differenziert zurückzuspiegeln *(Sie meinen/fühlen, dass …)*, damit er sie deutlich wahrnehmen könne und so in Berührung mit seinen Gefühlen komme. Dabei sind Empathie und Echtheit des Therapeuten und bedingungslose Wertschätzung des Patienten oberstes Gebot.

Die Aufforderung zur Selbstaktualisierung als Weg zur seelischen Gesundheit hat den Vertretern der Gesprächstherapie, wohl nicht ganz zu Unrecht, den Vorwurf eingebracht, die Selbstbezogenheit und den Egoismus in unseren westlichen Gesellschaften zu fördern. Und dadurch, dass ich in Berührung mit meinen Gefühlen komme, leide ich zwar intensiver daran, aber – und hier liegt ein entscheidendes Defizit, ein Fehlschluss der Gesprächstherapie, ich finde deshalb noch lange nicht notwendigerweise eine Lösung meiner Probleme.

Demgegenüber stellt Viktor Frankl fest, dass Selbstverwirklichung nur als Nebeneffekt über den Weg der Sinnverwirklichung erreicht werden kann. Die Sinnfrage und die Frage nach objektiven Werten aber wird in der Gesprächstherapie nach Rogers zu wenig berücksichtigt.

Allerdings zeigen Arbeiten von Reinhard Tausch, der als führender Gespächstherapeut in Deutschland gilt, bereits eine eindeutige Tendenz, Wertbezüge und Sinnperspektiven mit einzubeziehen.

So schreibt er bereits 1991: »In der Gesprächspsychotherapie haben wir die Werte und den Lebenssinn nicht hinreichend beachtet.«[21]

Es ist dennoch zu fragen, warum diese Therapieform wie auch die Individualpsychologie Adlers und die Verhaltenstherapie, die alle auf einem unbiblischen Menschenbild fußen, in breiten Kreisen der evangelikalen therapeutischen Seelsorge großen Eingang gefunden haben, während die Logotherapie Viktor Frankls, die in zentralen Punkten mit AT und NT übereinstimmt, im Vergleich dazu weit weniger bekannt ist und wenn, dann nur am Rande gelehrt und praktiziert wird.

IV. Was ist Logotherapie?

1. Das Menschenbild

Allen vorgenannten Therapien liegt eine innerweltliche Erklärung dessen, was der Mensch ist, zugrunde. Wenn dort von Gott die Rede ist, dann entweder als Bedrohung (Freud) oder aber als therapeutisch benutzbare Größe im Sinne einer verbesserten Lebensfähigkeit.

Viktor Frankl aber begreift den Menschen und besonders auch den leidenden Menschen in seiner Geistigkeit. Jedem Menschen wohnt nach Viktor Frankl ein tiefes Bedürfnis nach Sinngebung für sein Leben inne, das eigentlich Gott meint. Er geht aus von einer Dreidimensionalität des Menschen: Leib und Seele (im Sinne der Emotionen), das sogenannte Psychophysikum einerseits, und die »geistige Person« – das, was die Bibel mit Herz meint, die Tiefenperson – andererseits. Nur das Psychophysikum kann nach Viktor Frankl erkranken, die geistige Person nicht.

»(Der Mensch ist) vom Psychophysikum her nur ermöglicht, aber nicht erschaffen … (er) stellt eine leiblich – seelisch – geistige Einheit und Ganzheit dar … Die Existenz ist einem geschenkt, wie (der Philosoph) Jaspers sagt, und zwar von der Transzendenz her.«[22] »Am Grunde unseres Seins liegt eine Sehnsucht, die dermaßen unstillbar ist, dass sie nichts anderes meinen kann als Gott.«[23]

Zunächst zur Transzendenz: Wir wissen, dass Gott »letztlich und schlechthin undenkbar und unsagbar ist – er ist nur glaubbar und liebbar«.[24]

In diesem Zusammenhang zitiert er das Wort aus Jesaja 55 (Vers 9): »… so viel der Himmel höher ist als die Erde, so sind meine Gedanken höher als eure Gedanken.« Diese Ehrfurcht vor Gott mag der Grund sein, warum Viktor Frankl sehr oft von der Transzendenz spricht, wenn er im biblischen Sinne Gott meint. Ist es doch dem frommen Juden bis heute nicht erlaubt, den Namen Gottes auszusprechen oder zu schreiben.

Gelegentlich finden wir aber bei Frankl ein klares Bekenntnis zum Gott des AT: »Denn so, wie ein wenig Mut dazugehört, sich zu dem, was man einmal erkannt hat, auch zu bekennen, so gehört auch ein wenig Demut dazu, es mit jenem Wort zu benennen, mit dem es die Menschen seit Jahrtausenden belegen, mit dem schlichten Wort *Gott*.«[25]

Um die Dreidimensionalität des Menschen zu erklären, bedient sich Viktor Frankl der bekannten Modelle aus der Geometrie.[26] Zwar ist die geistige Person als dritte Dimension unzerstörbar und eigenständig, doch kann sie rückwirken und einwirken auf Seele (Psyche) und Leib (Soma). Dieser Möglichkeit der geistigen Person – Viktor Frankl nennt sie die »Trotzmacht des Geistes« – bedient sich nun im besonderen die Logotherapie, wenn sie sich versteht als Therapie vom »Geistigen her auf Geistiges hin«. Bestimmt doch diese Rückwirkungsmöglichkeit die Persönlichkeit und beeinflusst in hohem Maße die seelische Gesundheit, die Widerstandskraft in seelischen Krisen, schweren Erlebnissen (Verlusten) und den Verlauf und sogar die Verhütung von Krankheiten.

Die Voraussetzung dafür, dass der Mensch Sinn erkennen kann, ist die Tatsache, dass er geistig ist. Die Voraussetzung, dass er Sinn erfüllen kann, ist, dass er frei ist. Der Mensch ist freier und hat mehr Möglichkeiten, als er sich im allgemeinen zutraut. Viktor Frankl unterscheidet drei Wertkategorien:

1. schöpferische Werte (eine Tat, die wir setzen)
2. Erlebniswerte (Kunst, Natur, Hingabe an einen Menschen, den wir lieben)

3. Einstellungswerte (positive Einstellung zu unabänderlichem Leiden)

In der Verwirklichung dieser drei Werte erfüllt der Mensch Sinn und gewinnt, weil er über sich selbst hinauslangt, Glück und Erfüllung für sein Leben. Diese Erfüllung des teilweisen Lebenssinns über die Verwirklichung von Werten ist nach Viktor Frankl jedem Menschen möglich, unabhängig von Intelligenz, Bildungsstand, Alter, Geschlecht und unabhängig davon, ob er religiös ist oder nicht. Darüber hinaus aber erkennt Viktor Frankl, dass es einen letzten Sinn des Lebens, sozusagen einen Übersinn gibt, der sich auf unserer Erkenntnisebene, wenn überhaupt, so nur unvollständig abbildet. Paulus sagt: »Unser Wissen ist Stückwerk. Wir sehen jetzt durch einen Spiegel in einem dunklen Wort, dann aber von Angesicht zu Angesicht.« (1. Kor. 13,9) Daraus ergibt sich für Viktor Frankl in Bezug auf die Frage nach dem Sinn des Lebens: »... dass *wir* es sind, *die zu antworten haben, nicht zu fragen*, und dass das Leben selbst eine Frage ist – eine Frage, die wir nur dadurch beantworten können, dass wir unser Leben *verantworten.*«[27] Gemeint ist im verantwortlichen Handeln.

Aus biblischer Sicht ergibt sich hier, dass hinter den Fragen, die das Leben uns stellt, der Herr des Lebens, der Schöpfer, Erhalter und Erlöser unseres Lebens erlebbar wird. Er stellt uns die Fragen, auf die wir antworten sollen. Durch die Rätsel und Fragen, die wir in diesem Leben vorfinden, will er uns erziehen, führen, leiten und läutern.

2. Antworten auf die Fragen des Lebens: Das Sinnfindungsgespräch

Elisabeth Lukas gibt uns in ihrem Büchlein »Logotherapie« (Berlin 1995) einen Vergleich zwischen einer als erfolgreich bewerteten Krisenintervention nach dem gesprächstherapeutischen Modell (von Carl Rogers) und einem logotherapeutischen Sinnfindungsgespräch. Es sei hier gekürzt wiedergegeben:

Klient: »Ich habe beschlossen, meine Studienrichtung zu wechseln.«

Therapeut: »Gibt es dabei Probleme?«

Klient: »Das größte Problem war und ist es, diesen Entschluss meinem Vater mitzuteilen.«

Therapeut: »Haben Sie das bereits versucht?«

Klient: »Ich wollte es tun und bin auch mit sehr gemischten Gefühlen zu ihm gegangen. Doch als ich begann, ihm meine Absicht zu erläutern, hat er überhaupt nicht zugehört und sofort losgepoltert, dass er Studienabbrecher grundsätzlich verachte. Daraufhin bin ich wortlos aus dem Zimmer gerannt.«

Therapeut: »Sie hielten wohl einen weiteren Dialog mit Ihrem Vater für überflüssig und haben sich in ohnmächtiger Wut zurückgezogen.«

Klient: »Ja, stimmt genau!«

Der Klient hat sich offensichtlich gut verstanden gefühlt.

In einem logotherapeutischen Gespräch wäre allerdings der Kommentar »Sie hielten wohl einen weiteren Dialog mit Ihrem Vater für überflüssig« unterblieben. Stattdessen wäre gefragt worden: »Was spricht eigentlich für einen Studienwechsel?« Somit wäre die Sinnhaftigkeit des geplanten Studienwechsels in den Mittelpunkt des Gesprächs gerückt. Der Klient hätte die Gründe dafür nennen können und im Verlauf des Gesprächs wären diese in Relation zu vorliegenden Begabungen und späteren Berufsmöglichkeiten diskutiert worden. Geendet hätte das Gespräch im günstigsten Fall mit dem Kommentar:

Therapeut: »Ich sehe, vieles spricht für den Studienwechsel. Deshalb sollten Sie ihn wagen und unbeirrt Ihren Weg gehen.«

Der Klient wäre hier also mit der Macht der Begeisterung für das neue Studium und nicht mit der ohnmächtigen Wut auf den Vater konfrontiert worden und wenn er von der Sinnhaftigkeit seines Vorhabens überzeugt ist, hätte er die Kraft in sich, notfalls über den Widerstand von zehn Bezugspersonen hinwegzukommen. Es wäre aber auch denkbar, dass der Therapeut den Klienten vor einer Unbedachtsamkeit hätte bewahren können, die dieser, geblendet vom Vater-Sohn-Konflikt in dieser Situation nicht überblicken konnte.

Der Klient könnte weiterhin geschult werden, innere Distanz zu seiner Angst vor dem Vater zu gewinnen, indem er dessen Zorn herbeiwünscht und ihm zugesteht: »Lass ruhig ein richtiges Donnerwetter auf mich los, zeig, was du kannst, das ist noch viel zu wenig!« (Paradoxe Intention, siehe nächstes Kapitel)

Der Klient wird dann wohl nicht ohnmächtig die Flucht antreten, sondern innerlich schmunzelnd und äußerlich souverän dem Vater sein Vorhaben vortragen. Dies würde sehr zur Deeskalation der Spannung beitragen und so unter Umständen die Chance eines vernünftigen Umgangs miteinander eröffnen.

Außerdem könnte der Klient angeleitet werden, das Verhalten des Vaters weniger und das eigene mehr zu beachten (Dereflexion, siehe nächstes Kapitel). »Was der Vater tut, muss *er* verantworten, ich aber bin nicht er und will in diesem Punkt nicht in seine Fußstapfen treten. »Wie *ich* mich verhalte, ist ganz allein meine Wahl und Entscheidung.« Schließlich könnte angeregt werden, die innere Einstellung zum Vater zu überprüfen. (Frage: Hat er auch gute Seiten? Bin *ich* immer ein Engel gewesen? Kann ich mich durchringen, ihm sein cholerisches Temperament zu verzeihen?) Die ohnmächtige Wut könnte sich so in der aufkeimenden Güte des Herzens verflüchtigen. Soweit die Fallbesprechung von Elisabeth Lukas.

Wie in der Gesprächstherapie sind Empathie, Echtheit und Wertschätzung auch Voraussetzungen für einen guten Logotherapeuten, der Patient wird als Person ganz ernst genommen, aber nicht nur in seinen Problemen, sondern auch in seinen Möglichkeiten und positiven Anlagen, diese Probleme sinnvoll zu lösen und innerlich daran zu wachsen; nach dem Motto Dostojewskis: »Einen Menschen lieben heißt ihn so zu sehen, wie Gott ihn gemeint hat.«

Ein logotherapeutisches Gespräch wird nicht als gelungen bezeichnet, wenn der Patient sich verstanden fühlt, »sondern wenn er *verstanden hat* (und dies nicht nur kognitiv), was auf seinem Wege es wert ist, tapfer voranzuschreiten und was nicht«.[28] Dabei spielt die »Trotzmacht des Geistes« (Viktor Frankl) eine wichtige Rolle.

Nach den Untersuchungen von Reinhard Tausch wird ein Gespräch unter anderem als hilfreich erlebt, wenn neue Perspektiven aufscheinen. Diese können in einer ersten Phase des Gesprächs ungeordnet aufgezählt werden. Auch offensichtlich unsinnige werden in dieser Phase zugelassen. Elisabeth Lukas gibt uns in ihrem *Sinnfindungstraining* ein Fünfer-Set an Fragen an die Hand, das dazu angetan ist, Klarheit zu schaffen.[29]

1. Was ist mein Problem?

Es soll möglichst genau beschrieben werden, denn damit tritt auch der problemlose Bereich klarer in Erscheinung, was immer auch tröstlich ist.

Beispiel: Eine junge Mutter mit 7-jährigem Sohn wurde vor einiger Zeit vom Mann verlassen. Sie leidet sehr an den Verletzungen und stellt sich die Frage, wie es weitergehen soll.

2. Was ist mein Freiraum?

Die Tatsache, dass sie nunmehr allein leben muss, ist nicht

zu ändern. Wie sie aber ihr Leben in Zukunft gestaltet, ist ihre Entscheidung (evtl. schriftlich festhalten).

3. Welche Wahlmöglichkeiten habe ich?

- Sie kann den Mann anrufen und ihm Vorwürfe machen.
- sich eine sinnvolle Arbeit suchen, wenn ihr Sohn in der Schule ist
- zu Hause bleiben, ihren Gedanken nachhängen
- am kulturellen Leben und am Leben der christlichen Gemeinde teilnehmen und sich dort mit einer Aufgabe integrieren
- dafür sorgen, dass auch der Sohn dort Freunde findet etc.

4. Eine davon ist die sinnvollste

Sinn kann (nach Viktor Frankl) nicht *er*funden, sondern nur *ge*funden werden, weil er immer schon da ist in der Welt. Es gibt nur eine Möglichkeit, die persönlich auf sie zugeschnitten ist und die nur von ihr zu diesem Zeitpunkt verwirklicht werden kann. Ob diese Spaß macht, ist nicht die Frage, aber ob und welche Konsequenzen sie für alle Beteiligten hat, ist entscheidend.

5. Diese eine will ich verwirklichen

Zum selbst herausgefundenen Sinn muss der Patient nun allein sein »fiat«, sein »ja, es geschehe«, geben. Der Therapeut kann dem Patienten diesen Schritt nicht abnehmen.

Die Patientin integriert sich in einer Gemeinde und übernimmt Verantwortung, weil sie in erster Linie das Wohl des Kindes im Auge hat (ein Akt des Übersichhinauslangens nach Viktor Frankl). Doch dadurch gewinnt sie Kontakt mit gläubigen Geschwistern, die sie stärken und stützen, was ihr selbst auch sehr hilft.

Das logotherapeutische Gespräch ist also nicht wertfrei,

sondern zielt darauf ab, dass der Patient dazu geführt wird, seine ganz persönliche Antwort auf die ganz persönliche Anfrage, mit der er in einer bestimmten Situation im Leben konfrontiert wird, findet.

Besteht nun aber bei dieser sinnzentrierten Therapieform nicht die Gefahr, dass der Therapeut in suggestiver Art dem Patienten seine Lösung überstülpt, ihn bewusst oder unbewusst beeinflusst, plötzlich diejenigen Werte für sinnvoll zu halten, für die der Therapeut selbst steht? Findet hier nicht eine subtile unerlaubte Einflussnahme statt, die letzten Endes den seelisch angeschlagenen Ratsuchenden manipuliert?

Dieser Gefahr wird von Anfang an begegnet, indem der Therapeut besonders sorgfältig auf Schlüsselwörter achtet, die der Patient beim Schildern seiner Lebensgeschichte selbst erwähnt. Diese Schlüsselwörter geben dem Therapeuten den Auftrag, in ganz bestimmter Richtung weiterzuarbeiten, nämlich zu helfen, die verborgen angesprochenen Fähigkeiten und Talente zu einer Lebensaufgabe auszubauen. Elisabeth Lukas gibt auch hier ein Beispiel: »Eine sehr deprimierte ältere Frau gestand mir einmal verschämt, dass sie am liebsten Märchenbücher lese, was in ihrem Alter lächerlich sei.« Ich erwiderte, dass sie vermutlich eine besondere Beziehung zu Märchen habe und regte an, auszuprobieren, ob sie am Ende selbst ein hübsches Märchen erfinden könne.«

Nach anfänglichem Widerstand machte sie sich ans Werk und nach und nach wurde ihr auch reichlich Anerkennung zuteil.[30] Elisabeth Lukas kommentiert das Gespräch: Dass meiner therapeutischen Intervention ein weniger deprimierter Mensch und ein Geschenk für Kinder entsprungen sind, ist trotzdem keineswegs mein Verdienst. Ich habe lediglich eine Sinnmöglichkeit ins »Gesichtsfeld der Patientin geschoben – ergriffen und verwirklicht hat sie sie ganz allein.«[31]

Ein afrikanischer Spruch lautet: »Ein Freund ist einer, der die Melodie deines Herzens kennt und sie dir wieder ins Gedächtnis ruft, wenn du sie vergessen hast.« – Exakt so ein Freund möchte die Logotherapie sein.[32]

Einmal durfte auch ich diese Rolle übernehmen: Ein älterer Kollege, Berufsschullehrer, der in einigen Jahren pensioniert werden sollte, erzählte mir, wie deprimiert und resigniert er war, dass er zunehmend weniger Kontakt zu seinen Schülern hatte. Sie waren desinteressiert am Lernstoff und nur darauf bedacht, die Schulzeit so schnell wie möglich und mit möglichst wenig Anstrengung hinter sich zu bringen. Der Kollege litt sehr unter dieser Entfremdung, zumal die letzte Abschlussklasse ihm beim Abschied den Vorwurf machte: »Herr X, Sie verstehen uns und unsere Probleme einfach nicht. Sie leben in einer anderen Welt.« Er selbst schloss die Reflexion an: »Vielleicht habe ich mich auch selbst zu wenig bemüht, sie und ihre Probleme zu verstehen.« Dies war für mich das Schlüsselwort: Ich hakte ein: »Da könnte etwas Wahres daran sein. Aber vielleicht ließe sich das ja ändern?« »Aber«, so der deprimierte Kollege, »die Schüler sind ja nun weg.«

»Das stimmt«, gab ich zur Antwort, *»diese* Schüler sind weg, aber sie haben noch zwei bis drei Jahre bis zur Pensionierung zu unterrichten.« »Sie meinen, ich könnte im kommenden Schuljahr bewusster auf die neuen Schüler zugehen und das Gespräch mit ihnen suchen?« Ja, das meinte ich. »Ich will das gerne versuchen, ich danke Ihnen.« In seinen Augen strahlte ein Leuchten auf.

Wichtig ist eine »sokratische Haltung« des Therapeuten, ein gemeinsames Schauen auf das hin, was ist, das den Patienten eigenständig herausfinden lässt, was es zu erfassen gilt.[33]

Der Therapeut hat lediglich eine Katalysatorfunktion. Diese zeigt sich im sogenannten sokratischen Dialog, der

Frageform der Antike, die den Schüler die Lösung selbst finden ließ.

Eine wichtige Erkenntnis in der Diagnostik im logotherapeutischen Anfangsgespräch verdanken wir Elisabeth Lukas: die sogenannte »Wechseldiagnostik«.[34] Es soll neben einer möglichst genauen Beschreibung des Problems auch ausdrücklich nach Positivem in der Lebensgeschichte gefahndet werden. Dies kann für den Patienten sehr hilfreich sein, denn bis er sich zu einem Gespräch mit einem Therapeuten entschließt, ist in der Regel eine intensive Beschäftigung mit dem Problem vorausgegangen. Er läuft nunmehr Gefahr, fast ausschließlich in Gedanken um das Problem zu kreisen (Hyperreflexion). Wenn aber auch Positives erinnert wird, bekommt vielleicht das Problem von selbst einen anderen Stellenwert. Die Hyperreflexion wird gebremst. Jedenfalls hilft das Bekunden von Interesse an intakten Lebensbereichen von Seiten des Therapeuten auch dazu, von Anfang an ein Vertrauensklima zu schaffen, das in sich schon zur Heilung beitragen kann. Besonders wichtig ist diese therapeutische Haltung dort, wo es unumgänglich wird, die Lebensgeschichte nochmals aufzurollen, weil ein Konflikt nicht gut gelöst ist.

Hier unterscheidet sich die Lehre Viktor Frankls sowohl von der Psychoanalyse Freuds, als auch von der Lebensstilanalyse Adlers. Die Existenzanalyse Viktor Frankls zielt darauf ab, nicht – wie bei Freud – unbewusste Traumata bewusst zu machen und auch nicht darauf – wie bei Adler – die unbewussten Arrangements, die den verkehrten Lebensstil kennzeichnen, aufzudecken, sondern:

»Die Freiheit hat der Mensch auf jeden Fall, nur dass er sich ihrer nicht selten begibt – freiwillig begibt. Und dass sie ihm nicht immer bewusst ist; aber sie kann ihm dann bewusst werden – sie muss ihm dann eben bewusst gemacht werden. Dieses Ziel setzt sich die Existenzanalyse – als

Analyse der Existenz auf Freiheit und Verantwortlichkeit hin, und an die dann bewusst gewordene Freiheit zu appellieren, ist die Aufgabe jener psychotherapeutischen Ausgestaltung der Existenzanalyse, welche die Logotherapie darstellt.«[35]

Was heißt das? Viktor Frankl bezeichnet die Logotherapie als eine Therapie vom Geistigen her, diese bezieht nämlich die geistige Person in ihren Möglichkeiten zur Verantwortung und Veränderung mit ein. Die Existenzanalyse führt zum Geistigen hin[36], d. h. zum radikalen Erlebnis der Verantwortlichkeit des Patienten.

Hier nun einige praktische Anregungen für das therapeutische Gespräch.

Es empfiehlt sich, diese Anregungen in vorsichtig sokratisch formulierten Fragen an den Ratsuchenden heranzutragen.

> Gab es auch irgendwann Glück, Freude, Erfüllung in ihrem Leben?
>
> Wo haben Sie verantwortlich gedacht, wo auch gehandelt?
>
> Gab es auch Bewahrung in ihrem Leben?

Ziel: Hinführen zur Dankbarkeit und daraus den Auftrag für ein verantwortliches Denken und Handeln in der Zukunft anbahnen. Von da aus gilt es den »unbewussten Gott« (Viktor Frankl) bewusst zu machen und eine persönliche Beziehung zu ihm aufzubauen. Wenn der Ratsuchende Christ ist, kann man noch konkreter fragen, etwa:

Wie hängen Führung und Bewahrung in Ihrem Leben mit Gottes Liebe und Auftrag für Sie hier und jetzt und für Ihr zukünftiges Leben zusammen? (Wachsen in der Beziehung zu Christus und daraus verantwortlich handeln für sich und die Welt.)

Diesen positiven Elementen aus der Lebensgeschichte des Patienten gilt es nachzuspüren (Elisabeth Lukas nennt dies

»Schatzsuche«) und sie für eine sinnvolle Lebensgestaltung nutzbar zu machen.[37]

Aus der Erkenntnis der Dankbarkeit für das Positive im Leben kann der Patient eine neue Wertfühligkeit entwickeln, er kann erkennen, es gibt Dinge, die das Leben trotz allem lebenswert machen und er lernt erneut ja zu sagen zum Leben und Verantwortung zu übernehmen. Dabei spielt das persönliche Vorbild des Therapeuten eine sehr wichtige Rolle.

Viktor Frankl beschreibt dies in einer persönlichen Begebenheit:

»Ich werde nicht müde ... die Geschichte von einem Telefonat um 3 Uhr früh aufzutischen: Um diese Zeit weckt mich das Telefon. Es meldet sich eine Frau, um mir zu eröffnen, dass sie sich soeben dazu entschlossen hat, sich das Leben zu nehmen. Nun sei sie gewissermaßen neugierig, was ich dazu zu sagen hätte. Nun, ich breitete vor ihr aus, was immer dagegen sprechen mag, Selbstmord zu begehen, und wir besprachen alle Pros und Contras so lange, bis ich sie so weit hatte, dass sie mir ihr Wort verpfändete, von ihrem Vorhaben Abstand zu nehmen und am nächsten Morgen um 9 Uhr früh zu mir zu kommen.

Pünktlich erschien sie in der Klinik und verriet mir Folgendes: ›Sie würden sich täuschen, Herr Doktor, wenn Sie annähmen, dass auch nur ein einziges von all den Argumenten, die Sie mir heute Nacht vor Augen geführt haben, auch nur die geringste Wirkung auf mich ausgeübt hat. *Wenn* mich etwas beeindruckt hat, dann war es eines: Da reiß ich den Mann aus seinem Schlaf und anstatt böse zu werden und mich anzufahren, hört er mich eine geschlagene halbe Stunde lang geduldig an und redet mir zu. Und da dachte ich mir: Wenn es das gibt, dann steht es vielleicht wirklich dafür, dem Leben, dem Weiterleben, noch einmal eine Chance zu geben.‹«[38]

In diesem Fall hat Viktor Frankl durch das Vorbild seiner persönlichen Hingabe der Patientin nicht nur das Leben gerettet, sondern ihr auch geholfen, in Zukunft in ihrem Leben wieder einen Sinn zu suchen.

Wie er selbst erklärt, hat er »den Sinn seines Lebens darin gesehen, anderen zu helfen, in ihrem Leben einen Sinn zu sehen«.[39]

Nicht nur im persönlichen Vorbild, sondern auch in vier bestimmten ausgereiften Methoden gibt uns Viktor Frankl Hilfen an die Hand, wie wir leidenden Menschen so begegnen können, dass sie Ja sagen können zum Leben.

3. Viktor Frankls vier Methodische Säulen der Logotherapie

a) Einverstanden sein mit dem Schlimmsten (paradoxe Intention)

Elisabeth Lukas erzählte uns in einem Vortrag von einer jungen Frau, die immer, wenn ihr Mann außer Haus war, von panischer Angst ergriffen wurde, es könnte ihm etwas zustoßen. Er musste sich in regelmäßigen Abständen per Handy melden, sonst wurde sie völlig handlungsunfähig. Sie selbst ging auch kaum noch aus dem Haus, so sehr standen ihre irrationalen Ängste im Mittelpunkt ihres Denkens. Nun war diese Patientin aber gläubig, nur war ihr dies in den Zeiten der Angst überhaupt nicht mehr gegenwärtig. Ihr Vertrauen auf das gütige Walten des allmächtigen Gottes war auf den Nullpunkt gesunken. Gerade dies galt es aber wieder bewusst zu machen und zurückzugewinnen, denn ihre Gebete waren zwanghaft ichbezogen: »Gott, bring mir meinen Mann wieder gesund zurück.« Dagegen wurde eine vertrauende Formel eingeübt, etwa: »Herr, ich vertraue darauf, du meinst es gut mit uns, entweder mein Mann geht geradewegs zu dir oder er kommt zu mir zurück.« Die Anrufabstände ihres Mannes wurden mit ihrem Einverständnis vergrößert und mit der Zeit nicht mehr nötig. Auch sie selbst erinnerte sich in angstbesetzten Situationen an ihr Motto: »Zu dir oder zu mir« und konnte zunehmend wieder im Leben Fuß fassen. Ihr Meisterstück lieferte sie bei einer Bergwanderung, bei der sie zusammen mit ihrem Mann von einem argen Gewitter überrascht wurde. Nass bis auf die Haut kamen sie in der nächsten Schutzhütte an und der Mann befürchtete bereits eine große Panikattacke und malte sich aus, dass er gleich die Bergwacht alarmieren müsste, aber seine Frau erklärte sehr gelöst: »Während des Gewitters sagte ich mir immer ›entweder zu dir oder es passiert mir nichts, ich werde bewahrt‹ – und ich wurde bis hierher bewahrt, so wird mich Gott nun auch beim Abstieg bewahren.« Ihr Vertrauen war zurückgewonnen, weil sie innerlich einverstanden war mit dem Schlimmsten, das passieren konnte. Manchmal genügt es nicht, nur grundsätzlich einverstanden zu sein mit dem Schlimmsten, sondern es ist nötig, sich dieses »Schlimmste« geradezu herbeizuwünschen. Auch hier handelt es sich, wie im obigen Fall, um eine neurotische, psychogene (vom seelischen her bedingte) Angststörung:

Wichtig ist, und darauf sollte ein Therapeut Wert legen, dass die Angst möglichst genau beschrieben wird. Das »Wovor« muss ganz klar definiert sein, denn Furcht und Wunsch heben sich gegenseitig auf. Es ist nicht möglich, sich vor etwas zu fürchten und sich dasselbe sehnlichst zu wünschen. Wenn man sich aber das Schlimmste direkt wünscht, dann wird der Erwartungsangst (der Angst vor der Angst) der Wind aus den Segeln genommen und so dieser verhängnisvolle Kreisprozess unterbrochen. Elisabeth Lukas gibt uns ein prägnantes Beispiel:

»Denken wir an den Patienten mit der U-Bahn-Phobie. Beim Einsteigen in den Zug zittert er vor einer Übelkeit, die ihn überkommen könnte – und prompt stellt sich eine solche ein. Jetzt drehen wir den Spieß um. In Zukunft möchte er überhaupt nicht problemlos U-Bahn fahren. Im Gegenteil, kaum dass er die Bahnstation betritt, sagt er zu sich: Eine nette kleine Übelkeit im Waggon wäre wirklich praktisch! Am günstigsten wäre es, ich fiele gleich in Ohnmacht, dann ist mir ein Sitzplatz sicher und – hurra: ich kann auch noch den versäumten Morgenschlaf nachholen, ich bin sowieso viel zu früh aufgestanden. Also hoffentlich spüre ich schon bald etwas.«[40]

Was wird unter dem »Schutz« dieser Paradoxie geschehen? Wenn der Patient in der Tat die Kraft zu einem derart irrwitzigen Wunsch aufbringt, geschieht nichts, absolut nichts. Aber der Patient fasst wieder Mut.

Der Therapeut muss allerdings auf zwei Dinge Wert legen:

1. Das Wovor der Angst muss – wie schon oben betont – genauestens definiert werden und
2. es müssen für jeden einzelnen Patienten die für ihn persönlich passenden humorvollen paradoxen Formeln gefunden werden. Hier ist das Einfühlungsvermögen des Therapeuten gefordert, denn nicht der Patient soll sich ausgelacht fühlen, sondern er soll selbst ermuntert werden, seinen »aufgeblähten Winzling«, die Angst, durch eine humorvolle Übertreibung zu besiegen.

Außerdem empfiehlt Elisabeth Lukas, den Patienten anfangs mehrmals in die kritische Situation hineinzubegleiten, um ihn durch die Anwesenheit, aber auch durch regelmäßige »Ermahnungen« – etwa: »Jetzt wäre doch wirklich eine kleine Ohnmacht fällig«, im paradoxen Wunsch zu bestärken und ihn so zu stützen und zu beruhigen.[41]

Indem der Patient das Wagnis vollbringt, sich auf die humorvolle paradoxe Formel des Wunsches innerlich einzulassen, distanziert er sich von seiner Angst und tritt in Dialog mit ihr. Er mobilisiert die »Trotzmacht des Geistes« und gewinnt dadurch Souveränität gegenüber sich selbst.

Es ist wissenschaftlich erwiesen, dass paradoxe Intention

auch bei Prüfungsängsten sogenannter »Trainingsweltmeister« sehr hilfreich eingesetzt werden kann.

Es geht darum, der Angst nicht auszuweichen. Als Christen haben wir es nicht nötig, den Rückzug anzutreten, denn Christus hat die Angst für uns überwunden: In der Welt habt ihr Angst, aber *seid getrost,* ich habe die Welt überwunden. Dies gilt auch hier und jetzt. (Schau der Angst ins Gesicht und flieh nicht, ich bin bei dir, ich helfe dir.)

Es gilt aber nicht, dem Ratsuchenden zu sagen, er solle mehr Angst haben (im Sinne der *symptom prescription* der Verhaltenstherapie) sondern:

»Bei der paradoxen Intention verstärke ich nicht die Angst, verstärke ich nicht den Zwang, sondern ich empfehle dem Patienten, genau das, wovor er sich immer schon gefürchtet hatte, sich zu wünschen, bzw. sich vorzunehmen.«[42]

Wie auch in den Gruppen der Anonymen Alkoholiker die Redensart verbreitet ist: Tue das, wovor du Angst hast und das Ende der Angst ist dir gewiss.

So erzählte Elisabeth Lukas, die bei Professor Viktor Frankl studierte: Eines Tages bat Viktor Frankl einen Zwangsneurotiker in den Hörsaal, der alle spitzen Gegenstände und besonders Messer aus seiner Wohnung verbannt hatte, aus Angst, er könnte jemanden damit verletzen (der Patient hatte also Angst vor sich selbst, er könnte eine schreckliche Untat begehen). Viktor Frankl verlangte von der assistierenden Schwester das größte Küchenmesser, das sie finden könnte. Er drehte es hin und her und kommentierte etwa: »Nun, sehr groß ist es ja nicht, aber für unseren Zweck genügt es.« Der Patient muss es panikerfüllt angestarrt haben. Dann rollte Viktor Frankl langsam den Ärmel seines weißen Kittels auf, legte seinen Unterarm neben das Messer und forderte den Patienten auf: »So, jetzt nehmen Sie das Messer und stechen durch meinen Arm so, dass das Messer im Tisch stecken bleibt!« Der

Patient erwiderte abgrundtief entsetzt: »Nein, das tue ich nicht!« Damit überführte Viktor Frankl ihn und bewies ihm, dass er ein anständiger Mensch sei und im Leben keine Untat begehen würde. Zwangsneurotikern liegt nämlich ein Hang zu moralischer Perfektion (ein sogenannter ananchastischer Charakter), ein Streben nach 100%igkeit zugrunde. Die Übergewissenhaftigkeit und Pedanterie fördert geradezu Zwangsgedanken. Nicht selten steht dahinter auch ein einseitiges, strafendes Gottesbild. Vollkommenheit hat aber nur Christus für uns erlangt, vollkommen ist nur er und wir Christen dürfen dies in Demut als Geschenk annehmen.

100 % ist für uns in dieser Welt nicht zu erreichen, 80 % ist auch gut, wir leben aus der Gnade und nicht aus Werkgerechtigkeit. Diesen Horrorfantasien, die einer extremen Angst vor Schuld und einem extremen Misstrauen gegen sich selbst (Elisabeth Lukas) entspringen, kann aber mit dem Vorsatz begegnet werden, gerade diese Horrorfantasien verwirklichen zu wollen (z. B. das Baby aus dem Fenster zu werfen, die Nachbarin zu erstechen, Wartende an der Bushaltestelle vor den heranrollenden Bus zu stoßen etc.). Ein Patient mit solcher Veranlagung zum Perfektionismus und diesen Zwangsgedanken, wird keinen Einzigen davon verwirklichen. »Seinem Herrgott gegenüber aber [darf] er getrost darauf vertrauen, dass dieser genau [weiß], wie es in seinem Herzen in Wahrheit aussieht und dass der unmoralische paradoxe [Vorsatz] keinem anderen Zwecke dient als dem, die (göttlich gewollte) seelische Gesundheit wieder herzustellen.«[43]

Allerdings können Zwangsneurotiker nie 100 %ig geheilt werden, sie müssen lernen, die Zwangsgedanken, die auf Grund ihrer Veranlagung immer wieder in ihnen aufsteigen, rechtzeitig zu identifizieren und humorvoll paradox zu intendieren, bevor erst wieder ein unheilvoller Kreisprozess beginnt, der das Leben von neuem einengt. In der Verantwortung des Patienten liegt also nicht die Tatsache, dass Zwangsgedanken auftauchen, wohl aber, wie er darauf reagiert. Er hat die Wahl, das Unkraut rechtzeitig auszuraufen oder es wuchern zu lassen. Eine Sonderform der Zwangsneurose ist der religiöse Fluchzwang, der gläubige Menschen nachgerade in die Verzweiflung treiben kann. Eine junge ehemalige Diakonisse litt zwanghaft unter dem Drang, ihre früheren vorgesetzten Schwestern, die sie entlassen hatten, zu verfluchen.

Viktor Frankl gibt hier den Rat eines gläubigen Juden wie Christen: Gott ist kein so schlechter Diagnostiker, dass er Krankheit von Schuld nicht unterscheiden könnte. Er weiß, dass sie nichts dafür kann, und rechnet den Zwang der jungen Frau nicht als Schuld an. So etwas zu befürchten, sagt Viktor Frankl, sei allein schon Gotteslästerung. Dadurch geschieht therapeutisch eine große Entlastung, weil der Kreislauf von Zwang und Schuldgefühlen unterbrochen wird.

Viktor Frankl schreibt sehr humorvoll, dass er die paradoxe Intention auch einmal angewandt hat, um sich ein Strafmandat zu ersparen: »Ich war bei gelb über eine Kreuzung gefahren. Der mir bis dahin verborgen gebliebene Wachmann kam auf mich zu, ich fuhr ans Trottoir heran, stieg aus und empfing den gravitätisch herantretenden Polizisten mit einer Flut von Selbstbezichtigungen: ›Sie haben Recht, wie konnte ich nur so was tun, dafür gibt es keine Entschuldigung, keine Rechtfertigung. Ich bin auch überzeugt, dass ich so was nie mehr tun werde, das wird mir eine Lehre sein, aber es war ein absolut strafwürdiges Verhalten.‹ Der Polizist tat sein Möglichstes, um mich zu beruhigen, und tröstend meinte er: ›Das könnte doch jedem passieren, und auch er sei überzeugt davon, dass ich es nie mehr tun würde.‹«[44]

Paradoxe Intention ist eine gut handhabbare Technik, um die Erwartungsangst, die Angst vor der Angst oder vor dem Zwang auszuhebeln. Sie kann in kurzer Zeit eingeübt und dann vom Patienten selbstständig in ähnlichen Situationen angewandt werden. Sie hilft bei psychogenen Angst- und Zwangsstörungen, weil sie die psychogenen Auslöser unwirksam macht. Wichtig dabei ist aber eine genaue, differenzierte Diagnose und im Besonderen eine Abgrenzung zur Psychose: Angst- und Zwangsneurotiker haben Fantasien von gerade noch möglichen Katastrophen, z. B. Angst vor Ohnmacht oder den Drang, das Baby aus dem Fenster werfen zu müssen. Die Patienten leiden darunter. Die Wahngebilde des Psychotikers dagegen haben nicht im Entferntesten mehr mit der Realität zu tun und der Patient leidet wegen des totalen Realitätsverlustes auch nicht darunter. Er kann z. B. sagen: »Ich bin Christus, die Menschen verstehen mich aber nicht.«

Eine solide, differenzierte Diagnose ist deshalb hier besonders wichtig, weil es bei der paradoxen Intention auch Kontraindikationen gibt. Sie darf nicht angewandt werden bei Psychosen und bei allen Arten von Selbstmorddrohungen, auch nicht bei sogenannten Hysterischen, die nur Zuwendung des Therapeuten oder Gegenübers erreichen wollen und eigentlich nicht ernst gemeint sind. Vielmehr ist hier ein Appell an die Eigenverantwortung des Patienten angezeigt. Man scherzt nicht mit dem Tod.

Dasselbe gilt für reaktive Depressionen (Trauer, Verabschiedung, Verlust und Sucht) und bei somatogenen Störungen, die nur scheinbar ein psychisches Krankheitsbild darstellen (besonders Schilddrüsenstörungen). Auch gibt es Schädigungen, die auf das Fehlverhalten eines Arztes oder Therapeuten zurückzuführen sind. Bei all diesen Krankheitsbildern geht es um Problembewältigung, d. h. sie erfordern eine Einstellungsmodulation (siehe späteres Kapitel) und anschließend Dereflexion.

b) Dereflexion: »Ich muss mir nicht alles von mir gefallen lassen« (Viktor Frankl)

Bei Schlafstörungen (besonders Einschlafstörungen) sind beide Techniken in Kombination (paradoxe Intention und Dereflexion) hilfreich.

Der württembergische Dichter-Pfarrer Albrecht Goes schreibt in einem seiner letzten Bücher[45] eine kurze Besinnung unter der Überschrift: »In schlafloser Nacht«. Dort heißt es: »Lass es mich so stellen: da du denn nicht schläfst, und da es offenkundig ist, dass auf lange Viertelstunden, Stunden, wer weiß, an Schlaf nicht zu denken sein wird, nun: so wolle es denn so. Wolle wachen! Wolle einsehen, dass dir nichts Unwertes ausgehändigt wird, da dir solche Nachtzeit anvertraut wird.«

Die Weisheit des »an der Grenze des Lebens« Stehenden sagt uns, es ist sinnlos, den Schlaf erzwingen zu wollen; je mehr wir dies versuchen und krampfhaft darüber nachdenken, desto mehr misslingt das Einschlafen. Die paradoxe Umkehrung der Intention ist sinnvoll: Wolle wachen und die Zeit als Geschenk annehmen, als Möglichkeit, über vieles nachzudenken. Bilder der Vergangenheit in dir erstehen zu lassen und dadurch evtl. Klarheit zu schaffen für das Hier und Jetzt. Er warnt aber auch davor, in düstere Grübeleien über die Zukunft zu verfallen.

Elisabeth Lukas hat gesehen, dass bei Dereflexion eine Aufgliederung in ein Stopp-Schild und einen Wegweiser hilfreich ist. Der Imperativ »Wolle Wachen!« ist das Stoppschild, der anschließende Rat, die Gedanken in eine bestimmte Richtung zu lenken, der Wegweiser.

Zum Stoppschild gehört ein bewusstes Ablegen der Tagesproblematik. Viktor Frankl sagt: »Ich muss mir nicht alles von mir gefallen lassen«, d. h. *ich* bestimme, dass ich jetzt die Tagessorgen in ein Paket fest zusammenschnüre (Elisabeth Lukas) und *ich* bestimme auch, wann ich mich wieder damit beschäftigen will. Ich lasse mir nicht gefallen, dass meine Sorgen einen überdimensionalen Raum in meinem Fühlen und Denken einnehmen und mich einen großen Teil des Tages und auch noch in der Nacht gefangen nehmen. Als Wegweiser kann man auch das Abendgebet bezeichnen. Es sollte aber den Dank für das Schöne und Gute im Tagesablauf beinhalten. (Frage: Wofür kann ich heute danken?)

Wir haben in unserem kirchlichen Liedgut einen wahren Fundus an wertvollen Wegweisern, z. B. »Diesen Tag, Herr, leg ich zurück in Deine Hände …« oder »Abend ward, bald kommt die Nacht …«

In Kombination mit paradoxer Intention kann Dereflexion bei psychogenen Neurosen, Sexualstörungen und psychosomatischen Störungen hilfreich eingesetzt werden. Bei Suchtproblemen in der Nachbehandlung ist die Dereflexion ein Wegweiser zurück ins Leben: »Schau dir die Welt an, sie ist es Wert, dass man sich ihr öffnet.«

Nach Elisabeth Lukas ist Dereflexion angezeigt bei allen Störungen, die mit Hyperreflexion (zu starkes, krampfhaftes Kreisen um eine Befindlichkeitsstörung) einhergehen. Damit ist immer auch ein guter Teil Egozentrierung verbunden.

Ein Geiger, der intensiv seine Finger, sein Spiel beobachtet, verkrampft sich und spielt viel schlechter, im Extremfall wird es ihm unmöglich, überhaupt zu spielen. Hier bedarf es der Aufmerksamkeitskorrektur in Richtung Selbsttranszendenz, das Über-sich-Hinauslangen, das nicht wieder sich selbst meint (Viktor Frankl). Wenn der Geiger sich auf seine Musik konzentriert (Erlebniswert) und auf das, was er damit anderen Menschen vermitteln will (schöpferischer Wert), so löst sich seine Verkrampfung, und bei einem gelösten Spiel wird er der Musik gerecht und gleichzeitig in Stand gesetzt, mit seinen Hörern zu kommunizieren. Es geht darum, den Aufgabencharakter der Welt um sich zu erfassen und die jeweilige persönliche Aufgabe mit Weltbezug in der jeweiligen persönlichen Situation herauszufinden. Dabei ist nicht mehr entscheidend, ob diese Aufgabe angenehm oder unangenehm *für sich* ist, es geht einzig und allein darum, ob diese Aufgabe zu erfüllen wichtig, eventuell Not wendend für andere oder/und wichtig um ihrer selbst willen ist. Die Erfüllung einer solchen Aufgabe bremst die Überbesorgtheit für das eigene Ich. Diese Überbesorgtheit hat nämlich außerdem zur Folge, dass das Selbstwertempfinden geschwächt wird.

Unser Psychophysikum, unser seelisch-körperlicher Organismus besitzt ein selbsttätiges Organisationssystem, ein »Wunderwerk des Lebens« (Elisabeth Lukas), das alle Regulationen von selbst in Ordnung hält (z. B. Atmen, Schlucken, Sprechen). Wird dieses nun aus mangelndem Vertrauen zum eigenen Organismus durch dauerndes Beobachten (Hyperreflexion) gestört, so führt dies zu Verkrampfungen und zuweilen sogar zu Krankheiten. Eine Aufmerksamkeitskorrektur in Form von Dereflexion ist hier dringend notwendig. Sie hilft aber auch noch bei einer anderen schweren Störung, dem posttraumatischen Syndrom der sogenannten Intrusion.

Elisabeth Lukas erklärt dies folgendermaßen:

Es liegt ein traumatisches, gravierendes Erlebnis zugrunde. Dabei steigert sich die Vigilanz (Aufmerksamkeit) enorm. Darum brennt sich die Erinnerung an das Erlebnis im Detail ungeheuer ein und überfällt den Patienten unter Umständen auch nach Jahren noch. Ein Vergleich mit der Geologie macht dies deutlich: Heißes Magma wird in höhere Gesteinsschichten hinaufkatapultiert, erstarrt dort und kann nicht zurückfließen.

Die Erinnerung an das schwere Ereignis dringt in höhere Bewusstseinsschichten und setzt sich dort fest.

Hier die Schilderung von Elisabeth Lukas: Eine Frau mittleren Alters hatte früher einen schweren Verkehrsunfall gehabt. Jetzt noch erstarrt sie und zittert am ganzen Körper, wenn sie Bremsen quietschen hört. Um hier helfen zu können, muss die Einstellung zu diesem traumatischen Ereignis *zuerst* positiviert werden, d. h. es darf kein Groll mehr vorhanden sein, und die Warum-Frage muss zur Ruhe gekommen sein. Dann kann man zusammen mit dem Patienten einen »Ort der Geborgenheit« (Böschemeyer) suchen: z. B. eine Landschaft als Traumland, die der Patient in sehr positiver Erinnerung hat. Sie soll ganz genau geschildert werden und dabei sollen alle Sinne – das Sehen, das Hören und das Fühlen – in die Schilderung einbezogen werden: z. B. Meeresstrand, Salzgeruch, Rauschen, warmer Sand und Wind.

Auch eine vertrauensvolle Hingabe im Gebet, ein bewusstes Sich-fallen-Lassen, Sich-Hineinlegen in die Hände Gottes ist ein Ort letzter Geborgenheit. In vorliegendem Fall wurde folgende Imagination erarbeitet: Die Patientin war früher Pfadfinderin und die Gruppe steuerte im Herbst öfter eine einsame Waldhütte an, in der Feuer gemacht wurde und Äpfel gebraten wurden. Sie spielte dann auf ihrer Blockflöte und war rundum geborgen.

Immer wenn die alte Erschütterung wieder hochkam, konnte sie die Augen schließen, durchatmen und in ihr Traumland, die Waldhütte, fliehen und die Türe schließen – jenseits von Raum und Zeit war sie an ihrem Ort der Geborgenheit.

Damit bekam die Patientin ein Gegenmittel gegen die schreckliche Erinnerung an die Hand, das jederzeit und unabhängig von äußeren Umständen einsetzbar war.

Dereflexion kann auch hilfreich eingesetzt werden in der Eheberatung.[46]

Der berühmte elsässische Pfarrer Oberlin setzte in seiner Eheberatung eine sogenannte »table de reconciliation« ein.

Der Betrachter ein und desselben Bildes sieht aus verschiedenen Blickwinkeln etwas völlig anderes. Zwei streitenden Ehegatten wird hier die Perspektive des anderen eindrucksvoll vorgeführt, indem sie aufgefordert werden zu beschreiben, was sie sehen, und dann gebeten werden, den Platz zu wechseln.

Bereits an Abraham ergeht der Anruf Gottes: »Sieh auf die Sterne!« (1. Mose 15,5), das heißt: Sieh weg von deinen eigenen Sorgen. Und so haben auch Häftlinge in den KZs immer wieder zum Himmel aufgeschaut, das einzige, das ihnen oft inmitten des Grauens noch blieb und sie klammerten sich daran, dass es noch eine andere Wirklichkeit gibt.

Doch darf Dereflexion in der Beratung nicht bei ernsten Störungen und schwerem Leid eingesetzt werden. Denn in der Dereflexion soll das Problem ignoriert werden, also muss es ja grundsätzlich ignorierbar sein.

Viktor Frankl selbst gibt uns aber ein höchst eindrucksvolles persönliches Beispiel für Dereflexion aus dem KZ: »Ich habe wiederholt versucht, mich von all dem Leid, das uns umgab, zu distanzieren, indem ich es zu objektivieren versuchte. So erinnere ich mich daran, dass ich eines Morgens aus dem Lager herausmarschierte und den Hunger, die Kälte und die Schmerzen der durch das Hungerödem angeschwollenen und aus diesem Grunde in offenen Schuhen steckenden, erfrorenen und eiternden Füße kaum mehr ertragen konnte. Meine Situation schien mir trost- und hoffnungslos. Da stellte ich mir vor, ich stünde an einem Rednerpult in einem großen, schönen, warmen und hellen Vortragssaal und sei im Begriff, vor einer interessierten Zuhörerschaft einen Vortrag zu halten unter dem Titel: Psychotherapeutische Erfahrungen im Konzentrationslager.«[47]

Sein Auftrag half ihm dabei, über sich selbst hinauszulangen (Selbsttranszendenz).

c) Konflikt ohne Ausweg? Technik des gemeinsamen Nenners

Immer wieder begegnen uns Menschen, die vor schwierigen Entscheidungen stehen und sich im Konflikt aufreiben, weil alle Energien gebunden sind und sie unfähig bleiben, sich zu einer Entscheidung so oder so durchzuringen. In dieser Situation befand sich auch die berühmte österreichische Schriftstellerin Ilse Aichinger, als sie Viktor Frankl um Rat fragte. Die Frage war, solle sie erst ihr Medizinstudium abschließen oder zuerst ihren begonnen Roman fertigschreiben, wozu sie eine schöpferische Inspiration verspürte.

»Wir kamen nach einem längeren Gespräch zu der Entscheidung, dass es wohl weniger problematisch sei, das Studium zu unterbrechen und dann wieder fortzusetzen, als die Niederschrift eines Romans aufzuschieben. Der gemeinsame Nenner lautete also: was wird eher gefährdet, wenn es unterbrochen wird?«[48] Dieser Roman hat Ilse Aichinger dann berühmt gemacht.

Viktor Frankl vergleicht diese Konfliktsituation mit dem »Buridanschen Esel«, der verhungern muss, weil er zwischen zwei Krippen von gleicher Entfernung und mit gleich großen Haferportionen sich nicht entscheiden kann.

Auch keine Entscheidung zu treffen ist eine Entscheidung, darauf sei ausdrücklich hingewiesen, aber dies ist dann eine Entscheidung gegen das Leben, logotherapeutisch gesprochen eine sinnwidrige Entscheidung, weil sie weiter Kräfte verzehrt. Noch schlimmer ist es, wenn jemand in einem Konflikt meint, Selbstmord begehen zu müssen. Dieses Fluchtverhalten löst keine Probleme, es verschiebt sie nur und bürdet sie der Nachwelt auf.

Was kann in dieser scheinbar so ausweglosen Situation helfen: Zwei Dinge:

1. Ehrlichkeit vor Gott und mir selbst, sie bildet die Grundlage für
2. ein existenzanalytisches Sinnfindungsgespräch.

1. Ehrlichkeit – wie kann das konkret aussehen?
»Schaffe Schweigen«, ruft uns Pfarrer Bachmann in seinem Buch über das Bibellesen auf der ersten Seite entgegen.[49] Er meint damit, es ist ein Willensakt gefordert, einmal alles Laute und Schrille, das auf uns einstürmt, hinter uns zu lassen. Eine bewusst entspannte Körperhaltung kann dabei unterstützend wirken.

Manfred Siebald zeigt uns in seinem Lied »Und wenn Gott schweigt« (wie es hier beim Menschen im Konflikt den Anschein hat), dass wir oft weit davon entfernt sind, seine Stimme und Weisung überhaupt vernehmen zu können. Nicht nur das, was von außen auf uns einstürmt, auch die Unruhe in uns selbst müssen wir zuerst zur Ruhe bringen. Ein Bild, das ich mir selbst öfters in diesem Zusammenhang vorstelle, ist die Sturmstillung: Nachdem Jesus das Machtwort gesprochen hat, verebbt der Sturm (auch in mir selbst) und die Wellen glätten sich nach und nach. Dann müssen wir aber auch die Stille in uns neu ertragen lernen. Psalmworte wie das folgende können eine Leitlinie sein:

»Meine Seele ist stille zu Gott, der mir hilft« (Psalm 62,2) oder auch Jesaja 30,15: »Durch Stillesein und Hoffen würdet ihr stark sein.« Hoffen zeigt ein Vertrauen und Nichtzweifeln daran, dass Gott es gut mit uns meint. Wie sagte doch Hermann Bezzel: »Frömmigkeit ist der Entschluss, die Abhängigkeit von Gott als Glück zu bezeichnen.« In dieser betenden, hoffenden und vertrauenden Haltung des Menschen kann Gott Antwort geben und wir können seine Stimme wieder vernehmen. Diese Stimme Gottes ist da, die Frage ist nur, ob wir sie vernehmen oder nicht. Die Fähigkeit, sie zu vernehmen, aber ist das, was Viktor Frankl und Elisabeth Lukas mit Gewissen meinen. Viktor Frankl bezeichnet das Gewissen als Sinnorgan. Sinn verwirklichen heißt biblisch gesprochen, den Auftrag Gottes erfüllen. Dies ist die Aufgabe und ureigenste Bestimmung des Menschen. Nach Viktor Frankl ist die Voraussetzung dafür, dass der Mensch Sinn erkennen kann, dass er geistig ist (also eine Antenne dafür hat). Die Voraussetzung, dass er Sinn erfüllen kann, ist, dass er frei ist.

Nur begibt sich der Mensch seiner von Gott gegebenen Freiheit nicht selten und merkt oft nicht, wie sein Gewissen unversehens zum Sklaven wird, versklavt der Tradition (z. B.: Es war immer schon so, dass man erst sein Studium abschließt und dann heiratet), Ideologien, der Meinung der anderen, eventuell auch – und dies ist besonders schwierig zu durchschauen – wird das Gewissen zum Sklaven seiner eigenen frommen Glaubensform.

Radikale Ehrlichkeit vor sich selbst und vor Gott ist hier gefordert, nur dann kann der Sinnanruf der Situation (existenzanalytisch: seiner Verantwortung) im Gewissen wahrgenommen werden. Unter Umständen ist Geduld gefordert. Viktor Frankl zitiert hier Samuel, der erst beim 4. Mal die Stimme Gottes erkennt und sich dann ganz zur Verfügung stellt: »Rede, denn Dein Knecht hört!«

2. Das existenzanalytische Sinnfindungsgespräch, das wie oben gesagt eine radikale Ehrlichkeit voraussetzt. Viktor Frankl führt dies an einer anderen Stelle aus[50], dass die Pros und Contras jeder Alternative so deutlich wie möglich zu formulieren sind. Sokratische Fragen wie:
was würde sein, wenn …
was könnte sein …
was möchten Sie, dass ist …
können klärend wirken. Dabei ist wieder die Hellhörigkeit des Therapeuten in Bezug auf Signale aus der Tiefe, d. h. auf Schlüsselwörter besonders gefordert. Zeigt sich doch bei der Auf-

stellung der genauen Bilanz ein winzig kleiner Überhang in die eine oder andere Richtung, den der Ratsuchende meist unbewusst selbst formuliert (z. B. das war es mir nicht wert, d. h. das andere schon – oder hier bin ich ersetzbar, d. h. dort nicht).[51]

Erst an diesem Punkt des Gesprächs ist es dem Therapeuten erlaubt, ja sogar geboten, direktiv einzugreifen, um diese Nuancen des Werteüberhangs, das, was schwerer wiegt, zu unterstreichen und zu verstärken. Dem Therapeuten kommt also wieder Katalysator-Funktion zu. So wird der Ratsuchende dann ermutigt zur Tapferkeit, unbeirrt nunmehr seinem Gewissen zu folgen und geradlinig seinen Weg zu gehen, die einmal getroffene Entscheidung mutig durchzutragen, sie nicht dauernd wieder zu hinterfragen, ungeachtet der Zweifel, die noch in ihm rumoren, oder der Vorwürfe oder gut gemeinten Ratschläge, die von außen an ihn herangetragen werden könnten. Wenn ein Mensch einmal sich seines Auftrags, seiner »radikalen Verantwortung« bewusst geworden ist, ist er auch viel weniger anfällig gegenüber jeder Manipulation. Verzicht und Opferbereitschaft sind aber unabdingbar. Ich nehme in Kauf, dass ich den Wert, auf den ich verzichte, nicht – oder zumindest nicht gleichzeitig – verwirklichen kann (z. B. die Mutter mehrerer kleiner Kinder ringt sich durch, zunächst auf ihre Selbstverwirklichung im eigenen Beruf zu verzichten).

Der Mensch hat aber die Freiheit Ja oder Nein zu sagen. (Der reiche Jüngling sagte Nein, sein Besitz war ihm wichtiger).

Wie Viktor Frankl betont, gibt uns die Sprache hier einen wichtigen Hinweis: Verzicht *leisten* meint, dass dies unter Umständen nicht leicht ist, sondern eine echte Leistung darstellt, die dem Menschen in der Konfliktsituation hier abverlangt wird: Das Opfer, das gebracht wird, um den höheren Wert zu verwirklichen: Es sei hier an das salomonische Urteil erinnert: Zwei Frauen streiten um ein Kind, jede behauptet, die richtige Mutter zu sein. Salomo befiehlt, das Kind zu zerteilen. Die richtige Mutter verzichtet auf den Besitzanspruch an das Kind, um ihm das Leben zu erhalten (1. Könige 3,16).

Wenn aber aus einer betenden, hoffenden und vertrauenden Haltung heraus wirklich einmal eine Fehlentscheidung getroffen wird, so dürfen wir als Christen sicher sein: Gott bürdet uns nicht mehr Last auf, als wir tragen können, und er gibt uns auch die Kraft dazu, sie zu tragen.

Wie Bonhoeffer sagt: »Ich glaube, dass Gott uns in jeder Notlage soviel Widerstandskraft geben will, wie wir brauchen, aber er gibt sie uns nicht im voraus, damit wir uns nicht auf uns selbst, sondern allein auf ihn verlassen.«

Fühlen wir uns aber überfordert von diesem leidvollen Konflikt, so haben wir uns zu fragen, warum wir nicht die positiven Kräfte, die Gott uns gegeben hat, genügend aktiviert haben.

»... aber der Übersinn setzt sich durch, unabhängig von meinem Tun und Lassen: entweder mit oder ohne mein Dazutun, entweder mit meiner Mitwirkung oder unter Umgehung meiner. Mit einem Wort: die Geschichte, in der sich der Übersinn erfüllt, geschieht entweder durch meine Unternehmungen hindurch, oder über meine Unterlassungen hinweg.«[52]

Wie verblüffend ähnlich klingt doch diese Aussage wie die alte, einfache Redensart: Gott schreibt auch auf krummen Linien gerade.

d) »Leiden heißt leisten, aber auch reifen (Einstellungsmodulation angesichts der tragischen Trias: Leid, Schuld und Tod)

Leid

Änderbares Leiden ist nach Viktor Frankl unnötiges Leiden

und daher sinnlos, sogar Mutwille. Es müssen zuerst alle Möglichkeiten ausgeschöpft werden, das Leiden zu beheben oder zumindestens zu lindern. Wir sollen nicht zu schnell einem frommen Fatalismus verfallen, eventuell ärztlich mögliche Hilfe abzulehnen, »weil Gott es so gewollt hat«. Viktor Frankl bezeichnet eine solche Haltung als Masochismus.

»Wer an einem operablen Karzinom leidet und sich trotzdem nicht operieren lässt, der leidet nicht sinnvoll. Vielmehr würde es sich um mutwilliges Leiden handeln. Dem Betreffenden, dem Betroffenen gebräche es am Mut, nämlich zur Operation – während es dem blindwütig mit dem Schicksal eines inoperablen Karzinoms Hadernden an Demut gebräche.« Der Begriff des Schicksals taucht bei Viktor Frankl im Zusammenhang mit Unabänderlichem (Leid, Schuld, Tod) immer wieder auf und bedarf deshalb der Klärung. Er meint damit nicht eine anonyme Macht wie die Schicksalsgöttinnen der Antike, die den Menschen in ihren Bann ziehen und denen er hilf- und schutzlos ausgeliefert ist. Er meint damit im ursprünglichen Sinn des Wortes das, was Gott uns schickt als Anfrage an unsere Person, als Probe, als Prüfung, wie wir uns dazu einstellen. Frankl sagt: »Das Leiden macht den Menschen hellsichtig und die Welt durchsichtig.«

Ein Beispiel, das Viktor Frankl häufig in diesem Zusammenhang zitiert: »An uns wendet sich ein alter, praktischer Arzt. Vor einem Jahr ist ihm seine über alles geliebte Frau gestorben ... [er ist seither schwerst deprimiert]. Wir fragen den Patienten, ob er sich überlegt hat, was geschehen wäre, wenn er selbst früher als seine Frau gestorben wäre. Nicht auszudenken, antwortete er, sie wäre verzweifelt gewesen. Nun brauchten wir ihn nur darauf aufmerksam zu machen: ›Sehen Sie, dies ist Ihrer Frau erspart geblieben – freilich um den Preis, dass nunmehr Sie ihr nachtrauern müssen. Sein

Leid hatte einen Sinn bekommen – den Sinn des Opfers. ... am Tatbestand als einem schicksalhaften konnte ja nichts geändert werden, aber die Einstellung hatte sich gewandelt. Das Schicksal hatte ihm abverlangt, sich von der Möglichkeit durch Lieben Sinn zu erfüllen, zurückzuziehen, aber die Möglichkeit war ihm geblieben, sich auch diesem Schicksal zu stellen, sich richtig einzustellen.«[53]

»Da, wo wir die Situation nicht mehr ändern können: Bis zum letzten Atemzug besteht die Möglichkeit, uns selbst, und das heißt unsere eigene Einstellung zu ändern; und indem wir das tun, innerlich zu wachsen, innerlich zu reifen, sogar bis zum letzten Atemzug.«[54]

Bis zuletzt ist das Leben potenziell sinnvoll und der Mensch ist aufgerufen, »Leid in Leistung, eine persönliche Tragödie in einen menschlichen Triumph zu verwandeln«. Auf diese Weise verwirklicht der Mensch den höchstmöglichen Wert, den Einstellungswert. Der leidende, duldende Mensch *(homo patiens)* steht nach Viktor Frankl höher als der Tüchtige *(homo faber).* Ja, der Tüchtige, der Erfolgsmensch, ist nicht einmal in der Lage, Leiden zu verstehen, denn dieses spielt sich in einer anderen Dimension ab, als in der der erfolgsorientierte Mensch gewohnt ist zu denken. Für ihn ist Leiden eine Absurdität. In den Augen des *homo faber* muss der Triumph des *homo patiens* »Torheit und Ärgernis« sein. Hier zitiert Viktor Frankl ein Wort aus dem Korintherbrief.[55]

Das Vermögen, unabänderliches Leid anzunehmen, muss aber erbeten werden und ist allemal Geschenk. Es hat in den Augen des Leidenden selbst mit Triumph und Leistung oft wohl wenig zu tun. Allerdings haben Christen den wirksamsten Trost im Leiden und Sterben unseres Herrn vor Augen. Unter Umständen muss diese Einstellung aber täglich neu im Gebet erkämpft werden. Der Schauspieler und Dichter Ernst Ginsberg, der an einer fortschreitenden

Lähmung qualvoll zugrunde ging, schrieb: »Herr, ich bitte dich um die große Kraft, diesen kleinen Tag zu bestehen und auf dem großen Weg zu dir einen kleinen Schritt weiterzugehen.« Dabei vertieft sich die Beziehung zu Christus, dem Herrn des Leidens. Ginsberg selbst beschreibt diese Entwicklung in seinem posthum veröffentlichten Buch »Abschied«.

Es sei hier noch der englische Dichter John Milton erwähnt, der als einer der größten Gelehrten seiner Zeit gilt und im Alter von vierzig Jahren erblindete. In seinem berühmten Sonnett »On his blindness« setzt er sich mit seinem Leiden auseinander, ringt mit Gott, argumentiert: Wenn er ihm schon sein Talent gegeben hat, warum verweigert er ihm dann das Augenlicht? Doch wandelt sich die Anklage des Dichters in Duldung: Jene, die sein mildes Joch am besten tragen, dienen ihm am besten und er findet Frieden in der letzten Zeile: *They also serve who only stand and wait.* (Auch jene dienen, die nur wartend stehen.) Behindertes Leben, dies meint auch Viktor Frankl, ist also mindestens gleichwertig mit Gesundem und, wo es sich zum *homo patiens* aufschwingt, sogar dem gesunden Erfolgsmenschen überlegen.

»Wie oft sind es erst die Ruinen, die den Blick freigeben auf den Himmel.«[56]

In unserer früheren Gemeinde begegneten wir vielen Schwerstkranken, die ans Bett gefesselt ihr Leiden in Geduld trugen; ihre Beziehung zu Christus hatte sich vertieft, sodass wir von manchem Krankenbesuch als die wahrhaft Beschenkten heimkehrten. Nicht selten wurde uns gesagt: »Ich bete jeden Tag für meine ganze Familie, für Freunde und Bekannte, für die Welt – und auch für Sie.« Ich erkannte damals, dass diese Menschen eine wichtigere Aufgabe erfüllten, als manche äußerlich so Tüchtigen.

Wessen der Mensch auch im äußersten Leiden, z. B. im

psychotischen Eingemauertsein dennoch manchmal fähig ist, zeigt ein ergreifendes Beispiel, das Viktor Frankl uns überliefert hat. Er schreibt: »Der leidende Mensch steht höher als der tüchtige Mensch. Und trotz aller Untauglichkeit ist sein Leben gerade das genaue Gegenteil von ›lebensunwert‹. Auf geheime und verborgene Weise ist es in höchstem Maße sinnschwanger und lebenswürdig.

Zu uns wird ein etwa 60-jähriger Mann gebracht, der an einem Defekt und Endzustand nach *Dementia praecocissima* (schwere Psychose) leidet. Er hört Stimmen ... ist autistisch, tut den ganzen Tag nichts anderes als Papier zerreißen ... Wollten wir uns an die Einteilung der Lebensaufgaben nach Adler halten, so erfüllt der Patient keine einzige ... einer Arbeit geht er nicht nach, von der Gemeinschaft ist er so gut wie ausgeschlossen und das Geschlechtsleben – von Ehe und Liebe nicht zu sprechen, ist ihm versagt. Und dennoch: Welch eigenartiger, merkwürdiger Charme geht von diesem Menschen aus, vom Kern seiner Menschlichkeit – die von der Psychose unberührt geblieben ist: vor uns steht ein Grandseigneur! Aus dem Gespräch ergibt sich, dass er mitunter jähzornig aufbraust, aber im letzten Moment sich zu beherrschen im Stande ist. Da geschieht es, dass ich ihn von ungefähr frage: ›Wem zuliebe beherrschen Sie sich dann doch?‹ Und er antwortet mir: ›Gott zuliebe‹ ...

Erst wenn man einmal dort steht, von wo aus sich das trostloseste und aussichtsloseste Schicksal tragen lässt, nämlich nur ›Gott zuliebe‹, wie unser idiotischer Patient uns bewiesen hat, dann erst kann man *Ja zum Leben sagen* trotz aller Bedingungen und Umstände, auch unter misslichsten und ungünstigsten.«[57]

Schuld

Nun gibt es aber auch den Fall, dass ein Leiden nicht unabwendbar gewesen ist, dass es selbstverschuldet ist, aber die Konsequenzen davon nunmehr unabänderlich sind. Viktor Frankl meint, dass es bis zum letzten Atemzug nicht zu spät ist zur Wiedergutmachung (Sühne). Für einen Christen aber ist es zunächst notwendig, die Schuld vor Gott zu bringen – nicht umsonst praktiziert die katholische Kirche die Beichte/Buße als Sakrament, der Gläubige nennt die Schuld explizit beim Namen. Auch in der evangelischen Kirche gibt es diese Möglichkeit des Beichtgespräches, nur wird von ihr weniger Gebrauch gemacht. Bei einer echten Bereitschaft zur Umkehr wird dem Gläubigen im Namen des dreieinigen Gottes die Absolution erteilt und das Verhältnis zu Gott ist dadurch wieder hergestellt. Gott vergibt uns in Christus. Als notwendige Konsequenz daraus ergibt sich auch für den Christen die Wiedergutmachung, soweit dies irgend möglich ist. Wie aber, wenn dies nicht mehr möglich ist? Viktor Frankl sagt, dann ist es immer noch möglich, sich selbst zu wandeln, seine Einstellung nicht gegenüber dem Leid an sich, sondern gegenüber sich selbst, d. h. gegenüber dem früheren, schuldigen Ich. »Die rechte Haltung gegenüber der eigenen Schuld ist die Reue.«[58] Die leidvollen Konsequenzen eines selbstverschuldeten Leidens, das nunmehr unabänderlich ist, mutig auf sich zu nehmen, beweist echte Wandlung. Ein Beispiel: Eine Frau mittleren Alters geht mehrere Verbindungen mit Männern ein und wird wiederholt schwanger. Sie erkennt dies heute als Irrweg, aber sie erzieht ihre Kinder aus diesen Verbindungen allein und mit großer Liebe und Umsicht, obwohl sie ständig an der Armutsgrenze leben muss, weil sie, solange die Kinder noch so klein sind, keiner Berufstätigkeit nachgehen kann.

In diesem Sinne machte Viktor Frankl auch wiederholt Häftlingen Mut, zu ihrer Schuld zu stehen und nicht die häufig angebotenen Ausreden psychologischer oder soziologischer Art für sich in Anspruch zu nehmen, die sie sowieso längst als sinnlos durchschaut hatten. Im Gegenteil, er stellte ihnen vor Augen, dass sie freie Menschen seien, aber eben deswegen auch verantwortlich für ihre Taten und Untaten. Viktor Frankl zitiert hier Max Scheler: Der Verbrecher habe ein Recht darauf, seine Schuld zu büßen. Und nimmt man einem Menschen die Schuld, so nimmt man ihm auch die Menschenwürde.

»Und was habe ich ihnen wirklich gesagt, lassen Sie mich das ein bisschen ins Wienerische übersetzen. Ich habe den Leuten beiläufig gesagt: Leutln, ihr seid Menschen, Menschen genauso wie ich, und als Menschen seid ihr frei, und als Menschen seid ihr verantwortlich. Ihr habt die Freiheit gehabt, einen Blödsinn, eine Gemeinheit, eine Untat anzustellen. Aber jetzt, bedenkt gefälligst, habt ihr die Verantwortung über euch selbst hinauszuwachsen, über das Schuldiggewordensein hinauszuwachsen.«[59]

Viktor Frankls Antwort auf die »tragische Trias« Leid, Schuld und Tod ist, auch noch aus den negativen Aspekten, ja vielleicht gerade aus ihnen, Sinnvolles herauszuschlagen und sie solcherart in Positives zu transformieren:
- das Leid in Leistung
- die Schuld in Wandlung
- den Tod in einen Ansporn zu verantwortlichem Tun.[60]

VI. Tod

»Man kann sich nicht früh genug und man kann sich nicht oft genug mit dem Tod konfrontieren.«[61] Wenn der Mensch unsterblich wäre, könnte er, so Viktor Frankl, die Verwirklichung guter Vorsätze – mit denen ja bekanntlich der Weg zur Hölle gepflastert ist – unendlich hinausschieben. Doch durch die Endlichkeit menschlichen Lebens ist auch der Verwirklichung verantwortlicher Taten eine Grenze gesetzt.[62] Hier macht uns der gläubige Jude aufmerksam auf das »Verantwortungsbewusstsein für das Ausnutzen jeden Tages und jeder Stunde, und das heißt für die Erfüllung eines Sinnes, wie er sich bietet, momentan anbietet.«[63] Und er zitiert hier den bekannten Ausspruch des jüdischen Gelehrten Hillel: »Wenn ich es nicht tu, wer wird es tun. Wenn *ich* es nicht *jetzt* tu, wann soll ichs tun. Und wenn ichs nur für mich selbst tu, was bin ich?«

Vom verantwortlichen Umgang mit der mir anvertrauten Zeit im Hier und Jetzt ist die Rede so wie auch in dem persönlichen Bekenntnis des Barockdichters Angelus Silesius:

Mein sind die Jahre nicht, die mir der Herr genommen,
mein sind die nicht, die etwa mögen kommen,
der Augenblick ist mein und nehm ich den in Acht,
so ist der *mein,*
der Zeit und Ewigkeit gemacht.

All unsere persönliche Geschichte, »all das, was wir tun, schaffen, erleben, erleiden ... bleibt unverlierbar geborgen«.[64]

»Wir sehen immer nur die Stoppelfelder der Vergänglichkeit – und übersehen die vollen Scheunen, in die wir die Ernte unseres Lebens eingebracht haben – die Taten, die wir getan, die Werke, die wir gewirkt, die Lieben, die wir geliebt haben, und die Leiden, die wir mit Mut und Würde durchgestanden haben.«[65]

Um eben diese reiche Ernte handelt es sich in folgendem Abschiedsbrief einer Krebskranken, mit der mich eine 20-jährige Freundschaft verband. Mit großer Geduld und Tapferkeit trug sie ihr Leiden über zwei Jahrzehnte. Zwei Wochen vor ihrem Tod schrieb sie:

»Meine lieben Freunde,
nun gilt es Abschied zu nehmen, vorübergehend und für ei-

ne gewisse Zeit und um Verzeihung zu bitten, da wo vielleicht mein Wille vorausgeeilt und die Tat nachgeeilt ist.

Ich möchte all jenen von Herzen danken, die von nah und fern angereist kamen, um mir Lebewohl zu sagen und mich ihrer Liebe, Zuneigung und Verbundenheit versicherten.

Ausdrücklich möchte ich jenen verzeihen, denen eine solche Geste nicht angemessen oder aus welchen Gründen auch immer nicht möglich erschien, sei es aus Altersgründen oder aus hautnaher Konfrontation mit dem eigenen nahe bevorstehenden Sterben.

Mein Mann und ich haben in den letzten Jahren ein solch reiches Füllhorn an Liebe und Zuwendung erfahren, dafür danken wir ganz besonders und ich bitte Euch, erhaltet ihm Euere Treue und dadurch mir Eure Verbundenheit.

Der Herr hat es gegeben, der Herr hat es genommen. Er bleibe bei Euch und uns mit seinem Segen.

Eure S.«

Für einen gläubigen Menschen ist dieser Abschied vorübergehend, denn der Tod ist für ihn zwar der Sünde Sold, aber durch Christus auch das Tor zur Ewigkeit, in der jenseits von Raum und Zeit auch Leid, Schuld und Tod überwunden sein werden.

In Christus haben wir eine große Zukunftshoffnung. »Denn Gott wird abwischen alle Tränen von ihren Augen und der Tod wird nicht mehr sein, noch Leid noch Geschrei noch Schmerz wird mehr sein.« (Offenbarung 21,4)

V. Viktor Frankl als Zeitkritiker (Pathologie des Zeitgeistes)

Elisabeth Lukas schreibt: »In den 90er Jahren fiel mir auf, dass Viktor Frankl bevorzugt das Thema »Pathologie des Zeitgeistes« abzuhandeln wählte. ... Ja, als sähe er eine Pathologie – eben Krankhaftes von globalen Dimensionen voraus, dem er mit aller Kraft, die er noch zur Verfügung hat, entgegenwirken möchte.«[66]

So schreibt Viktor Frankl 1994: »Wir Ärzte wissen, dass wo – sagen wir im alternden Herzen – die Muskelzellen zugrunde gehen, in die solcherart entstandenen Freiräume Fettgewebe hineinwuchert. Analog kommt es aber auch massenpsychologisch gesehen zu Vakatwucherungen ins existenzielle Vakuum hinein, und es sind ebendiese Vakatwucherungen, die dann die Pathologie des Zeitgeistes ausmachen.«[67] Welches Organ der Menschheit meint Viktor Frankl? Das Sinnorgan Gewissen. Wird Gewissensarmut die Armut des 21. Jahrhunderts sein?[68]

Immer wieder mahnte Viktor Frankl: »Freiheit – auch Lehrfreiheit – ist nicht alles ... ist nur die halbe Wahrheit, ist nur die eine Seite der Medaille – ihre Rückseite ist Verantwortung, denn Freiheit droht auszuarten, wofern sie nicht von Verantwortung kontrolliert wird.«[69]

»Woran leidet die Menschheit, woran leidet der durchschnittliche Mensch im Alltag von heute am meisten? ... Heute und immer mehr hat sich generell ein Sinnlosigkeitsgefühl der durchschnittlichen Menschen bemächtigt«.[70]

Dieses Sinnlosigkeitsgefühl ist aber nicht nur typisch für die westliche Welt im beginnenden 21. Jahrhundert, sondern es findet sich, wie Viktor Frankl belegt, auch bereits in den Entwicklungsländern und in Osteuropa und es macht vor keinem politischen System und vor keiner gesellschaftlichen Klasse Halt.[71]

Im Gegensatz zum Tier sagt dem Menschen kein Instinkt, was er muss, und im Gegensatz zum Menschen früherer Zeiten sagt ihm keine Tradition, was er soll – nun scheint er nicht mehr recht zu wissen, was er eigentlich will.[72]

Viktor Frankl zitiert hier eine Aussage von Robert Reininger, der bereits 1925 eine ganz ähnliche Erklärung dieses Phänomens gibt: »Die Frage nach dem Sinn des Daseins wird erst dann aufgeworfen, wenn die instinktive Sicherheit des Lebens oder das Genügen an seiner traditionellen Deutung verloren zu gehen droht, oder schon verloren ist und dieser Verlust schmerzlich empfunden wird.«[73] Als Folgeerscheinungen nennt Viktor Frankl drei Hauptstörungen:

1. Der Mensch *will* nur, was die anderen tun (Konformismus).
2. Der Mensch *tut* nur, was die anderen von ihm wollen (Totalitarismus)
3. Die existenzielle Frustration (in ihren vielfältigen modernen Ausprägungen bis hin zur noogenen Neurose[74]).

1. Konformismus

Viktor Frankl zeigt ganz klar den Unterschied zwischen Gesellschaft (Masse) und Gemeinschaft auf und warnt vor einem diesbezüglichen Missverständnis: »Gemeinschaft ist gegründet auf und gestiftet durch das Wir, also allemal durch eine Beziehung zwischen Ich und Du – wohingegen Gesellschaft in der Kategorie ›Man‹ fundiert bzw. durch diese Kategorie konstituiert ist. ... Die Gemeinschaft bedarf sehr wohl einzelner Persönlichkeiten – wie denn auch umgekehrt die Persönlichkeit der Gemeinschaft bedarf, um in deren Rahmen sich selber erfüllen zu können, also um ganz Person sein zu dürfen. Ganz anders steht es jedoch um die Masse: In der Masse kann keine menschliche Persönlichkeit jemals so recht zur Geltung kommen und sich entfalten. Aber auch die Masse verzichtet gerne auf die Persönlichkeit, ja durch die Persönlichkeit wird die Masse eigentlich nur gestört ...«[75]

Dieses kollektivistische Denken, so warnt Viktor Frankl, ist »nur eines der Momente im Rahmen einer Pathologie des Zeitgeistes«.[76]

Viktor Frankl zeigt, dass es im Nationalsozialismus bereits genügte, Deutscher zu sein, und man hatte sich ein »Verdienst erworben. ... Es genügte, Jude zu sein, und man hatte Schuld auf sich geladen. ... Nunmehr genügte es wieder, Deutscher zu sein, und man hatte diesmal als solcher Schuld auf sich geladen ...

Das kollektivistische Urteilen dient letztlich nur dazu, den Menschen der Verantwortung persönlicher Meinungsbildung zu entheben. So kommt es, dass die meisten Menschen von heute überhaupt keine Meinung haben: die Meinung hat sie.«[77]

2. Der Totalitarismus

Er macht den Menschen zum Fanatiker, der zwar nicht die eigene Persönlichkeit ignoriert, sondern die des anderen, des Andersdenkenden.

Viktor Frankl ist der Meinung, dass es viel weniger auf das Ziel ankommen kann, das sich eine Politik setzt, sondern einzig und allein auf den Stil der Politik, mit dem sie ihr Ziel verfolgt. Zwei politische Stile stellt er gegenüber: »Für die einen heiligt der Zweck die Mittel, während die anderen sich sehr wohl dessen bewusst sind, dass es auch Mittel gibt, die den heiligsten Zweck entweihen könnten.« Aber wem jedes Mittel recht ist, dem ist überhaupt nichts heilig.[78]

Das autoritäre Führerprinzip erzog den Menschen geradezu zur Flucht vor der eigenen Verantwortung, weil er auf blinden Gehorsam dressiert wurde, d. h. zu »sturer Gefolgschaft« gegenüber dem militärischen und politischen Führer. Aber finden wir nicht auch heute häufig Menschen, die sich sagen: Es liegt nicht an mir?[79]

Der »durchschnittliche Mensch« von heute ist besessen von einem Aberglauben an die verschiedensten Schicksalsmächte auf jeden Fall unfrei und unverantwortlich. Entweder er gibt der gesellschaftlichen Lage, in der er sich befindet, die Schuld, oder aber den seelisch-leiblichen Anlagen, die er besitzt.[80]

Einer fatalistischen Einstellung zum Leben Raum zu geben, mag scheinbar bequemer sein, weil immer Sündenböcke vorhanden sind, die man verantwortlich machen kann. Aber der Schein trügt, denn dadurch, dass er Verantwortung abwälzt, verfehlt er den Sinn seines Lebens und auf die Dauer geht dies nicht spurlos an einem solchen Menschen vorbei, es führt genau wie eine provisorische Daseinshaltung in eine existenzielle Frustration, die sich bis hin zur noogenen Krise verdichten kann.

3. Existenzielle Frustration

Diese provisorische Daseinshaltung praktizieren heute nicht wenige Jugendliche in Form von Vergnügungssucht (von Disco zu Disco), Kaufrausch, Konsumsucht. Unsere Reklamegesellschaft tut ein Übriges, uns einzureden, Dinge zu kaufen, die wir letzten Endes nicht brauchen. Aber dahinter steht die Resignation – »Null-Bock« – »no future«. Von da ist es nur noch ein kleiner Schritt zu aggressivem Verhalten oder Flucht in Drogen und Alkohol und schließlich Selbstmord.

Viktor Frankl bezeichnet diese Symptome als »massenneurotische Trias«: Depression, Aggression, Addiktion.[81]

Es soll aber hier nicht auf die Jugend von heute geschimpft werden, die Managerkrankheit, die Perspektivlosigkeit der

Midlife crisis, das Leere-Nest-Syndrom oder die Zeit der Pensionierung oder die weitverbreitete Sonntagsneurose, sie alle geben Zeugnis davon, dass nicht die junge Generation allein von diesem Sinnlosigkeitsgefühl befallen ist, das das Leben aushöhlt und Interesse und Initiative lähmt. So ist die Gefahr der existenziellen Frustration – in maskierter Form oder ganz offenkundig – überall wahrnehmbar. Wer Augen hat zu sehen, der sehe!

Wie aber begegnen wir diesem Übel? Gibt es ein Heilmittel?

Wir haben in der Logotherapie ein »Gegengift« gegen dieses allgegenwärtige Übel unserer Zeit. Dankbar können wir hier das heilende Eingreifen Gottes in die heilungsbedürftige Welt erkennen. Die Logotherapie versteht sich nämlich als spezifische Therapie bei existenziellen Krisen und noogenen Neurosen. (»Wo aber Gefahr ist, wächst/Das Rettende auch.« [Friedrich Hölderlin])

Die innere Leere und das Sinnlosigkeitsgefühl wird allerdings oft verdrängt und muss manchmal erst erkannt, als solches bewusst gemacht werden. Und so findet sich hier eine Parallele zur Psychoanalyse und auch zur Individualpsychologie. Auch hier geht es um ein Bewusstwerden. Nur handelt es sich bei der Logotherapie weder um Bewusstwerden von Traumata (Freud) noch von verkehrtem Lebensstil (Adler), sondern um ein Bewusstwerden, ein Ansichtigwerden des Sinnanrufs der einzigartigen Person und der einmaligen Situation: Bereits in den 20er Jahren wies Viktor Frankl auf die doppelte Fehlidentifikation von jugendlichen Arbeitslosen hin, die sagten: Ich bin nutzlos und deshalb ist mein Leben sinnlos.

Weil jemand arbeitslos ist, muss er keineswegs nutzlos sein, es gibt genügend Tätigkeiten, die jemand ehrenamtlich ausüben kann – und im Gegensatz zu den 20er Jahren muss auch niemand deshalb hungern, weil er gerade keiner bezahlten Tätigkeit nachgehen kann. Im Ausüben einer ehrenamtlichen Tätigkeit verwirklicht dieser Mensch Sinn (z. B. im sozialen Bereich oder Umweltschutz, oder im Besuchen von Alten und Kranken in der Gemeinde), er erfährt sich als nützlich und sein Leben als sinnvoll – unabhängig von materiellem Gewinn. Und obendrein gewinnt er an Lebenserfahrung.

So ist auch die existenzielle Frustration, sogar wenn sie als Vakuum erlebt wird, ja eigentlich noch nichts Krankhaftes, sondern ein Zeichen, dass der Mensch mehr braucht als »Brot und Spiele«. Und dieses elementare Bedürfnis nach Sinnerfüllung ist es, was ihn vom Tier unterscheidet.

Trifft aber dieses Vakuum auf eine Schwachstelle im Seelisch-körperlichen (Psychophysikum), so kann daraus eine »noogene« (vom geistigen her bedingte) Neurose entstehen und laut Viktor Frankl macht dieses Krankheitsbild 20 % der Neurosen aus. Sie kann nur dadurch geheilt werden, dass der Patient Sinn in seinem Leben findet, indem er eine Aufgabe entdeckt, die seiner Person und seiner Situation entspricht. Dabei sei nochmals an die drei Wertkategorien erinnert:

- eine Tat, die wir setzen (schöpferische Werte)
- etwas oder einen Menschen, den wir lieben (auch Kunst, Natur) (Erlebniswerte)
- Einstellung zu unabänderlichem Leiden (Einstellungswerte)

»Ein Manager z. B. wird sich dessen bewusst, dass ihm gar nicht so viel am Geld verdienen liegt, wie er sich einbildet. … Wieder ein anderer wird sich bewusst, dass hinter all dieser Vergnügungssucht und Arbeitswut eine innere Leere, eine frustrierte Sinnsuche steht … und dann langt er nach einem Sinn, dann langt er nach einem Partner, den er auch lieben kann, und nicht nur als sexuelles Werkzeug, als Mittel zum Zweck … benützt. Dann wird ihm bewusst, dass Aufgaben seiner harren, dass er sich in den Dienst einer Sache stellen muss, der er wirklich dienen kann, und im Dienst an ihr kann er sich erst verwirklichen. Es muss nur eine katalytische Funktion ins Spiel kommen … Wir können in der Logotherapie nur dazu beitragen, dass sein Gesichtsfeld erweitert wird … Der Logotherapeut ist ein Augenarzt … d. h. er erweitert den Horizont des Patienten, dessen Gesichtsfeld für Sinn und Werte.«[82]

Wo aber sind die Vorbilder, »die uns die Hingabe an eine Aufgabe auch vorleben würden!«[83]

Ich hatte das Glück, während meiner Schulzeit wiederholt Lehrerpersönlichkeiten und Jugendleiter kennenzulernen, die einen Großteil ihrer Freizeit selbstlos zur Verfügung stellten, um den jungen Menschen in vielen Gesprächen Sinn aufzuzeigen und Orientierung zu vermitteln. An die Themen der Gespräche kann ich mich heute, nach fünfzig Jahren, nicht mehr erinnern, aber ihre Hingabe an uns Jugendliche hat mich bleibend geprägt.

Solche Vorbilder würde ich mir für jeden jungen Menschen wünschen, denn sie hatten nicht sich selbst im Blick, ihnen war der junge Mensch mit seinen Fragen und Problemen wichtig. Sie übten Selbsttranszendenz im besten Franklschen Sinn. Wenn doch unsere jungen Lehrer den Mut hätten, wieder als Vorbild zu wirken und nicht nur Stoff zu vermitteln. »Das normale Auge sieht sich selbst nicht. Genauso ist es mit dem Menschsein. Selbsttranszendenz heißt, dass der Mensch ganz er selbst wird und ganz Mensch ist, genau in dem Maße, in dem er sich übersieht und vergisst, in dem er sich selbst hinter sich lässt, im Dienst an einer Sache, in der Erfüllung eines Sinnes oder in der Hingabe an eine Aufgabe oder an einen anderen Menschen, einen Partner, da wird er ganz er selbst«[84]

Laut einer Umfrage, die Viktor Frankl zitierte, haben

83 % der jungen Österreicher den Wunsch, anderen zu helfen.[85] Ein wahrhaft optimistisch stimmendes Ergebnis!

Aber »… ist es nicht so, dass der Mensch eigentlich und ursprünglich danach strebt, glücklich zu sein? … Ich würde sagen, was der Mensch wirklich will, ist letzten Endes nicht das Glücklichsein an sich, sondern einen *Grund* zum Glücklichsein. Sobald nämlich ein Grund zum Glücklichsein gegeben ist, stellt sich das Glück, stellt sich die Lust von selbst ein.«[86]

Die Abwendung vom Grund, das direkte Anpeilen von Glück und Lust ist zum Scheitern verurteilt, wie die zahlreichen Sexualneurosen zeigen. Kierkegaard sagt: »Die Tür zum Glück geht nach außen auf, wer sie einzurennen versucht, dem verschließt sie sich nur.«[87]

VI. Das Verhältnis von Glaube zu Logotherapie

»Heile du mich, Herr, so werde ich heil.« (Jeremia 17,14)

Gelingt es einem Menschen, den Sinn seines Lebens zu finden, so ist dies das Heilungsgeschenk Gottes an den Menschen. Allerdings variiert zwar nicht der letzte Sinn, aber die Aufgaben im Leben können zu verschiedenen Zeiten (Lebensphasen) sehr verschieden aussehen. Jedenfalls werden dabei aber immer verschiedene Seelenkräfte integriert, d. h. der Mensch kommt in Einklang mit sich selbst und mit Gott, biblisch gesprochen, er wird heil. Viktor Frankl zeigt dies an einem plastischen Beispiel: »Wenn Sie einen Magneten unter Eisenfeilspäne halten – in dem Moment ordnen sich die Eisenfeilspäne. Die Integrierung des Seelenlebens und ihre Konsequenz, das Glücklichwerden, das sind alles Nebenwirkungen der Ausgerichtetheit auf ein Ziel. Es gibt nichts in der Welt, was so sehr imstande wäre, einen Menschen über innere Beschwerden oder über äußere Schwierigkeiten hinwegzuhelfen, wie das Wissen um eine spezifische Aufgabe, das Wissen um einen ganz konkreten Sinn, nicht im Großen seines Lebens, sondern hier und jetzt, in der konkreten Situation, in der er sich befindet.«[88] Und Viktor Frankl betont auch immer wieder, dass das Leben selbst es ist, das dem Menschen Fragen stellt. Er hat nicht zu fragen, er ist vielmehr der vom Leben her Befragte, der dem Leben zu antworten, »das *Leben zu verantworten* hat«. Aber der religiöse Mensch erlebt das Dasein nicht nur als konkrete Aufgabe, sondern als persönlichen Auftrag, der an ihn ergeht von einem persönlichen ja überpersönlichen, Wesen. Er allein kann »trotzdem ja zum Leben sagen, unter allen Bedingungen und Umständen trotz allem: trotz Not und Tod«.[89]

Und wenn die Warum-Frage angesichts von Leiden und Tod immer wieder aufbricht, so bezieht Viktor Frankl sehr eindeutig Stellung: »Die einzige dem Menschen angemessene Haltung angesichts der Problematik der Patho- oder Theodizee ist die Einstellung des Hiob, der sich vor dem Geheimnis beugte und des Sokrates, der zwar zu wissen vorgab, aber nur: dass er nichts weiß. ... es gibt nun einmal Fragen, die falsch gestellt sind – und einen Glauben, der jede mögliche Antwort in den Schatten stellt.«[90]

Nur die konkrete Aufgabe, den Sinnanruf der Situation können wir verstehen. Um diesen Zusammenhang zu veranschaulichen, bedient sich Viktor Frankl des Gleichnisses vom Goldenen Schnitt.

»Ihm zufolge verhält sich bekanntlich der kleinere Teil zum größeren so wie der größere zum Ganzen. Nun, ist es nicht analog mit dem Verhältnis des Tiers zum Menschen und des Menschen zu Gott? Bekanntlich eignet dem Tier bloße Umwelt, während der Mensch ›Welt hat‹ (Max Scheler); aber die menschliche Welt verhält sich zur Überwelt nicht anders als die tierische Umwelt zur menschlichen Welt. Und das heißt soviel wie: Ebenso wenig wie das Tier imstande wäre, aus seiner Umwelt heraus den Menschen und dessen Welt zu verstehen, ebenso wenig ist es möglich, dass der Mensch Einblick hat in die Überwelt, dass er Gott verstünde oder gar dessen Motive nachzuvollziehen vermöchte.«[91]

Mein Mann pflegt in diesem Zusammenhang das Beispiel unseres Dackels, den wir beide sehr liebten, zu erzählen: Als wir eines Tages nach Hause kamen, lag unsere alte Bibel zerfetzt auf dem Boden, er wollte sie auffressen, um sie zu verstehen. Doch stehen wir dem Tier näher als Gott, nach biblischem Verständnis wurden wir ja am gleichen Schöpfungstag geschaffen. Viktor Frankl selbst sagt aber, dass dieser Vergleich des Goldenen Schnittes wie jeder Vergleich hinkt, denn Gott ist der ganz Andere und nicht mathematisch berechenbar. Auch Viktor Frankl erwähnt hier das Beispiel mit einem Hund, der nach dem Finger schnappt, weil er nicht versteht, dass der Mensch ihm etwas zeigen will. Aber dieses Schnappen nach dem Finger ist beim Menschen das Rebellieren, sich Auflehnen gegen ein unabänderliches Leiden, das er nicht versteht. (Gegen den »Fingerzeig des Schicksals«.)[92] Verstehen können wir also den letzten Sinn – der Welt und auch unseres Lebens – nicht, aber glaubend erahnen wir, dass es ihn gibt. Und so scheint auch – zumindest für den gläubigen Menschen – sogar hinter der Selbstdistanzierung der Paradoxen Intention, in der Selbsttranszendenz der Dereflexion und erst recht, wenn uns eine Einstellungsmodulation angesichts eines unabänderlichen Schicksals gelingt, bewusst oder unbewusst das allmächtige Walten Gottes zeichenhaft auf.

Viktor Frankl selbst hatte ein intensives Verhältnis zur hebräischen Bibel, wie die zahlreichen Zitate und mehrere Vorworte zu seinen Büchern zeigen. Gelegentlich verwendet er auch Zitate aus dem Neuen Testament.[93]

Aber auch der Talmud und das jüdische Gebetbuch spielten in seinem Denken eine wichtige Rolle und werden des öfteren zitiert: Viktor Frankl setzt sich z. B. mit dem wieder Unbewusstmachen von bewusst Gemachtem auseinander:

»Wir verstehen aber auch, dass das Wieder-Unbewusst-Werden, das Vergessen, einen wesentlichen Schutzmechanismus darstellt, und wir begreifen die tiefe Weisheit, die aus einer Legende des Talmud spricht, der zufolge jedes neugeborene Kind, sobald es auf die Welt kommt, von einem Engel einen Schlag auf seinen Mund bekommt, woraufhin es sofort vergisst, was es vorgeburtlich gelernt und gesehen hat.«[94]

Wenngleich Viktor Frankls Persönlichkeit durchdrungen ist von einer tiefen Bindung an den Schöpfergott, so wehrt er sich doch vehement und an mehreren Stellen seines Werkes, seine Logotherapie in irgendeine glaubensmäßige Richtung einzubinden oder von ihr vereinnahmen zu lassen. Er sagt Religion sei Privatsache und er begründet diese Haltung u. a. mit dem von ihm als Arzt geleisteten Hippokratischen Eid, jedem Kranken zu helfen.[95]

»Aber was jetzt die Problematik der Religion anlangt, so muss ich betonen, dass die Logotherapie Therapie ist. … und als solche ist sie ein säkularer approach. Ich muss darauf bestehen und nicht nur Wert darauf legen, dass die Logotherapie anwendbar ist auf jeden Patienten, den religiösen ebenso wie den irreligiösen. Ja, mehr als das, ich muss darauf bestehen, dass sie handhabbar bleibt in den Händen jedes Therapeuten, des Agnostikers genauso wie des gläubigen Therapeuten.«[96] »Für die Logotherapie kann Religion nur ein Gegenstand sein, nicht aber ein Standort. … Das Ziel der Psychotherapie ist seelische Heilung – das Ziel der Religion jedoch das Seelenheil.[97]

»Der Priester [oder gläubige Therapeut] wird um das Seelenheil seines Gläubigen u. U. ringen … ganz bewusst auf die Gefahr hin, ihn eben dadurch nur noch in größere emotionelle Spannungen zu stürzen … Er wird es ihm nicht ersparen können – Religion ist mehr als ein bloßes Mittel, den Leuten psychosomatische Magengeschwüre zu ersparen! …

In ihren Resultaten aber wird [Religion] psychotherapeutisch wirksam (per effectum) als Nebeneffekt, indem sie dem Menschen eine Geborgenheit und eine Verankerung sondergleichen ermöglicht, die er nirgendwo anders fände … Einen analogen unbeabsichtigten Nebeneffekt, können wir auch auf Seiten der Psychotherapie verzeichnen, insofern nämlich, als wir in vereinzelten Fällen sehen, wie der Patient im Laufe der Psychotherapie zurückfindet zu längst verschütteten Quellen einer ursprünglichen, unbewussten, verdrängten Gläubigkeit.«[98]

Viktor Frankl meint aber, dass dies »niemals in der legitimen Absicht des Arztes gelegen sein könnte, es sei denn, dass sich der Arzt mit seinem Patienten auf demselben konfessionellen Boden trifft und dann aus einer Art Personalunion heraus handelt, aber dann hat er ja von vorneherein seinen Patienten gar nicht als Arzt behandelt.«[99]

In tiefer Bescheidenheit gegenüber seinem Lebenswerk bewertet er das Verhältnis zwischen Psychotherapie und Glauben: »Selbstverständlich ist es nicht so, als ob die Ziele der Psychotherapie und der Religion auf derselben Seinsebene stünden, vielmehr ist die Ranghöhe seelischer Gesundheit eine andere als die des Seelenheiles. Die Dimension, in die der religiöse Mensch vorstößt, ist also eine höhere, umfassendere als die Dimension, in der sich so etwas wie Psychotherapie abspielt. Der Durchbruch in die höhere Dimension geschieht aber nicht in einem Wissen, sondern im Glauben.«[100]

Darauf hinzuwirken, dass Ratsuchende in diese Glaubensdimensionen vorstoßen können, ist aber genau die Aufgabe der gläubigen Therapeuten.

Sie können gar nicht anders, als das Heil zu intendieren. Dies ist auch Viktor Frankls Ansicht. Aber deshalb sollen sie sich die schöpfungsmäßigen Möglichkeiten, wie sie psychologische Methoden und Techniken und insbesondere die »Navigationsleitlinien« (Elisabeth Lukas) der Logotherapie nun einmal sind, bestmöglich zu nutzen machen, um so dem leidenden Menschen ganzheitlich zu helfen. Ganzheitlich heißt auch, dass die Logotherapie sich als Ergänzung zu den herkömmlichen Schulen der Psychotherapie begreift, nicht als Gegenschule. Und: »Die Logotherapie ist offen gegenüber ihrer eigenen Entwicklung und offen für eine Kooperation mit anderen Schulen … gewöhnlich ist es ja so, dass die Logotherapeuten keine orthodoxen Anhänger der Logotherapie sind, … sondern dass sie oft spontan die logotherapeutische Behandlung mit anderen Behandlungen kombinieren.[101]

Die Logotherapie betrachtet sich nicht als Allheilmittel, aber sie legt die Betonung auf die »Sinnorientiertheit des Menschen«.[102]

Und sie ist die einzige Schule, die den Menschen von der Transzendenz her begreift. Sie sieht sich als Therapie vom Geistigen her auf Geistiges hin, biblisch gesprochen, sie begreift den Menschen als Geschöpf und Ebenbild Gottes.

Ausdrücklich weist Viktor Frankl auf einen wichtigen, bisher nicht erwähnten Aspekt der Seelsorge hin: Wo [die Psychotherapie oder die Medizin] nicht mehr heilen kann, fällt auch die Tröstung der Kranken in den Aufgabenbereich des Arztes und des Therapeuten. Viktor Frankl bezeichnet dies als »letzte Hilfe«. Nicht zufällig hat Kaiser Joseph I. als Stifter des Allgemeinen Krankenhauses in Wien über dem Tor eine Tafel anbringen lassen: »Saluti et solatio aegrorum« (gewidmet nicht nur der Heilung, sondern auch der Tröstung der Kranken).[103]

Viktor Frankl schreibt: »Ich bin überzeugt, die Jahrtausende alten Worte des Jesaja ›Tröstet, tröstet mein Volk, spricht euer Gott‹ gelten nicht nur auch heute noch, sondern sind auch an den Arzt [und besonders an den Therapeuten] adressiert.«[104]

Nachwort

Im Rahmen meiner Ausbildung zur Lebens- und Sozialberaterin (BTS) habe ich das Schrifttum von Viktor Frankl und Elisabeth Lukas kennen gelernt und bin dankbar dafür.

Wie ich versucht habe zu zeigen, ist die Logotherapie Frankls die einzige Schule, die den Menschen als Geschöpf Gottes begreift und ernst nimmt. »Entweder der Mensch begreift sich als Ebenbild Gottes oder er missrät zum Zerrbild seiner selbst«, sagt uns Frankl. Daher erachte ich es für dringend geboten, der Logotherapie in den modernen Ausbildungen zum Lebensberater eine eigenständige, zentrale Stellung einzuräumen, die ihr von ihrem Wesen her zukommt. Was Not täte, wäre eine systematische Einführung in die Logotherapie, bei der sowohl das Menschenbild Viktor Frankls, das in wichtigen Punkten mit AT und NT übereinstimmt, als auch die Leitlinien zur Sinnfindung und die logotherapeutischen Techniken vorgestellt und geübt werden.

Viktor Frankls Glaube, Menschenbild und psychotherapeutische Methoden sind von tiefer Bedeutung für gläubige Christen, denn auch die drei Schwerpunkte einer herkömmlichen, biblischen Seelsorge – Trösten, Ermahnen, Ermutigen – finden sich alle in Viktor Frankls Gedankengut wieder.

So wünsche ich mir, dass das Büchlein für Seelsorger und Ratsuchende eine Anregung sein kann, sich intensiver mit der Logotherapie zu beschäftigen.

Der Logotherapeut hat Katalysator-Funktion, so betont Viktor Frankl immer wieder. Dass das vorliegende Buch diese Funktion erfüllen möge, wünsche ich mir sehr, deshalb habe ich es geschrieben.

Rosemarie Jaffin

Danksagung

An dieser Stelle möchte ich Frau Dr. habil. Elisabeth Lukas sehr herzlich danken für das Interesse, das sie diesem Büchlein entgegenbrachte, indem sie freundlicherweise ein Geleitwort schrieb. Darüber hinaus aber ist es mir ein Bedürfnis, für all ihre Geduld in den Kursen und Gesprächen, denen sie sich bereitwillig stellte, meinen aufrichtigen Dank zu sagen. In ihren Büchern und Gesprächen ist sie mir im Franklschen Sinne zum echten Vorbild geworden.

Rosemarie Jaffin

Auswahlbibliographie

Viktor E. Frankl: Trotzdem Ja zum Leben sagen,
München 1977.

Viktor E. Frankl: Der unbewusste Gott,
München, 8. Auflage 1991.

Viktor E. Frank : Was nicht in meinen Büchern steht
(Autobiographie),
München, 2. Auflage 1995.

Viktor E. Frankl: Der leidende Mensch,
Bern-Göttingen, 2. Auflage 1996.

Viktor E. Frankl: Logotherapie und Existenzanalyse,
München 1994.

Viktor E. Frankl: Ärztliche Seelsorge,
Frankfurt 1997.

Elisabeth Lukas: Auch dein Leiden hat Sinn,
Freiburg 1994.

Elisabeth Lukas: Auch dein Leben hat Sinn,
Freiburg 1991.

Elisabeth Lukas: Lebensstil und Wohlbefinden,
München – Wien 1999.

Elisabeth Lukas: Geist und Sinn,
München 1990.

Elisabeth Lukas: Auf den Stufen des Lebens,
Gütersloh 2001.

Elisabeth Lukas: Heilungsgeschichten,
Freiburg 1998.

Elisabeth Lukas: Höhenpsychologie,
Freiburg 1983.

Elisabeth Lukas: Lehrbuch der Logotherapie,
2. Auflage, München – Wien 2002.

Elisabeth Lukas (Hrsg.): Der Seele Heimat ist der Sinn, München 2005

Elisabeth Lukas: Alles fügt sich und erfüllt sich
Die Sinnfragen im Alter
Gütersloh 2000

Elisabeth Lukas: Spannendes Leben,
3. Auflage, München 2003

Elisabeth Lukas: Familienglück, München 2001

Elisabeth Lukas: Verlust und Gewinn,
Logotherapie bei Beziehungskrisen und Abschiedsschmerz
München – Wien 2001

Elisabeth Lukas: Freiheit und Identität,
Logotherapie bei Suchtproblemen
München – Wien, 2002

Elisabeth Lukas: Wertfülle und Lebensfreude,
Logotherapie bei Depressionen und Sinnkrisen
München – Wien, 1998

Elisabeth Lukas: Konzentration und Stille,
Logotherapie bei Tinnitus und chronischen Krankheiten
2. Auflage, München – Wien 2001

Elisabeth Lukas: Victor Frankl, Philosoph und Arzt
München – Wien 2005

Anmerkungen

1 Viktor Frankl: Was nicht in meinen Büchern steht, S. 9.
2 Frankl/Kreuzer: Im Anfang war der Sinn, S. 7.
3 Viktor Frankl: Trotzdem ja zum Leben sagen, S. 143.
4 Ebenda, S. 148.
5 Viktor Frankl: Logotherapie und Existenzanalyse, S. 213.
6 Viktor Frankl: Was nicht in meinen Büchern steht, S. 80.
7 Viktor Frankl: Der leidende Mensch, S. 234–237.
8 Viktor Frankl: Der leidende Mensch, S. 226 (vgl. 5. Mose 6,5).
9 Ebenda.
10 Viktor Frankl: Der leidende Mensch, S. 230.
11 Martin Buber: Vom Geist des Judentums, S. 58.
12 Viktor Frankl: Der leidende Mensch, S. 181.
13 Elisabeth Lukas: Geist und Sinn, S. 19.
14 Zitiert nach Frankl: Der leidende Mensch, S. 127.
15 Zitiert nach Elisabeth Lukas: Wertfülle und Lebensfreude, S. 54.
16 A. Adler: Wozu leben wir, S.28.
17 Zitiert nach Frankl: Logotherapie und Existenzanalyse, S. 19.
18 C. G. Jung: Psychologie und Religion, S. 120.
19 Ebenda, S. 119.
20 E. Fromm: Psychoanalyse und Religion, S. 25:
21 Zitiert bei Fabry/Lukas: Auf den Spuren des Logos, S. 168.
22 Der leidende Mensch, S. 139.
23 Ebenda, S. 233.
24 Ebenda, S. 234.
25 Frankl im Gespräch mit Udo Hahn: Sinn suchen, Sinn finden, S. 21
26 Der leidende Mensch, S. 126.
27 Ebenda, S. 241.
28 Elisabeth Lukas: Logotherapie, S. 15.
29 Elisabeth Lukas: Lehrbuch der Logotherapie, S. 169 ff.
30 Eisabeth Lukas: Wertfülle und Lebensfreude, S. 49.
31 Auf eine sehr bewegende und ausführliche Fallbesprechung von Elisabeth Lukas sei hier ausdrücklich hingewiesen. Sie steht in »Psychologie in Würde«, S. 103 ff.
32 Zitiert nach Elisabeth Lukas: Lehrbuch der Logotherapie, S. 67.
33 Nach Elisabeth Lukas: Psychotherapie in Würde, S. 160 ff.
34 Elisabeth Lukas: Auch dein Leiden hat Sinn, S. 53.
35 Viktor Frankl: Der leidende Mensch, S 142.
(Zitiert nach Elisabeth Lukas: Geist und Sinn, S. 37.)
36 Der leidende Mensch, S. 172.
37 Siehe besonders auch die Fallbesprechung in Elisabeth Lukas: Psychotherapie in Würde, S. 103 ff.
38 Viktor Frankl: Was nicht in meinen Büchern steht, S. 105 ff.

39 Ebenda, S. 106.
40 Elisabeth Lukas: Lehrbuch der Logotherapie, S. 95.
41 Ebenda, S. 96 ff.
42 Frankl-Kreuzer: Im Anfang war der Sinn, S. 21.
43 Elisabeth Lukas: Lehrbuch der Logotherapie, S. 109.
44 Viktor Frankl: Was nicht in meinen Büchern steht, S. 47.
45 Albrecht Goes: Dunkle Tür angelehnt, S. 14.
46 Elisabeth Lukas: Geist und Sinn, S 35 ff.
47 Viktor Frankl: Was nicht in meinen Büchern steht, S. 77.
48 Ebenda, S. 47.
49 H. R. Bachmann: Dem Himmel auf der Spur. Vom Geheimnis des Bibbellesens.
50 Viktor Frankl: Was nicht in meinen Büchern steht, S. 106.
51 Ich beziehe mich hier auf Fallbeispiele aus Elisabeth Lukas: Lehrbuch der Logotherapie, S. 69 ff.
52 Viktor Frankl: Logotherapie und Existenzanalyse, S. 142.
53 Ebenda, S. 136.
54 Viktor Frankl/Kreuzer: Im Anfang war der Sinn, S. 34.
55 Viktor Frankl nimmt hier direkten Bezug auf 1. Korinther 1, 22 und 23: »Denn die Juden fordern Zeichen und die Griechen fragen nach Weisheit, wir aber predigen den gekreuzigten Christus, den Juden ein Ärgernis und den Griechen eine Torheit.« (Viktor Frankl, Logotherapie und Existenzanalyse, S. 134.)
56 Zitiert nach Elisabeth Lukas: Psychotherapie in Würde, S. 204.
57 Viktor Frankl: Logotherapie und Existenzanalyse, S. 145 ff.
58 Ebenda, S. 131.
59 Viktor Frankl/Kreuzer : Im Anfang war der Sinn, S.70.
60 Viktor Frankl: Der leidende Mensch, S. 51.
61 Viktor Frankl/Kreuzer: Im Anfang war der Sinn, S. 56.
62 Vergleiche hier Johannes 9,4: »Es kommt die Nacht, da niemand wirken kann.«
63 Viktor Frankl/Kreuzer: Im Anfang war der Sinn, S. 57.
64 Ebenda, S. 56.
65 Viktor Frankl: Der leidende Mensch, S. 62.
66 Joseph Fabry/ Elisabeth Lukas: Auf den Spuren des Logos, S. 164.
67 Ebenda, S. 165.
68 Ebenda.
69 Ebenda.
70 Viktor Frankl/Kreuzer: Im Anfang war der Sinn, S. 8.
71 Viktor Frankl: Die Sinnfrage in der Psychotherapie, S. 23.
72 Ebenda, S. 24.
73 Ebenda.
74 Die noogene Neurose geht nicht auf Komplexe im herkömmlichen Sinn zurück, sondern auf das Sinnlosigkeitsgefühl, das zu Erkrankungen führen kann.
75 Viktor Frankl: Der leidende Mensch, S. 193.
76 Ebenda.

77 Ebenda, S. 195.
78 Ebenda, S. 195.
79 Ebenda, S. 194.
80 Viktor Frankl: Der leidende Mensch, S. 194.
81 Viktor Frankl: Logotherapie und Existenzanalyse, S. 263.
82 Viktor Frankl/Kreuzer: Im Anfang war der Sinn, S. 24.
83 Viktor Frankl: Logotherapie und Existenzanalyse, S. 261.
84 Viktor Frankl/Kreuzer: Im Anfang war der Sinn, S. 32.
85 Viktor Frankl: Logotherapie und Existenzanalyse, S. 262.
86 Viktor Frankl: Das Leiden am sinnlosen Leben, S. 70.
87 Ebenda, S. 71.
88 Viktor Frankl/Kreuzer: Im Anfang war der Sinn, S. 26.
89 Viktor Frankl: Logotherapie und Existenzanalyse, S. 141.
90 Ebenda, S. 139.
91 Viktor Frankl: ebenda, S. 139.
92 Viktor Frankl: Logotherapie und Existenzanalyse, S. 139.
93 Es finden sich sechs Zitate laut Risto Nurmela: Die innere Freiheit.
94 Viktor Frankl: Theorie und Therapie der Neurosen, S. 177.
95 Viktor Frankl: Ärztliche Seelsorge, S. 271.
96 Viktor Frankl/Kreuzer: Im Anfang war der Sinn, S. 14.
97 Viktor Frankl: Der unbewusste Gott, S. 70.
98 Ebenda, S. 71.
99 Ebenda.
100 Ebenda, S. 72.
101 Viktor Frankl/Kreuzer : Im Anfang war der Sinn, S. 19.
102 Ebenda.
103 Viktor Frankl: Ärztliche Seelsorge, S. 286.
104 Viktor Frankl: Der unbewusste Gott, S. 79.